中國將軍的日本兒子

張石／著

開明書店

說句心裏話，
我有兩個家，
一個家在東瀛，
一個家在中華……
雖然回到祖國，
來來來，
更想中國的家，
沒有中國的養父母，
誰來把我收養，
誰把我養大……

——《說句心裏話》

目錄

前言

這是我在留學時代打工時遇到的一件事情。

我們一夥中國人包下日本東京都內一個公園每年從 5 月到 11 月的除草工作。管這個工作的日本老頭兒，和我們相處得很融洽，到了休息的時候，我們就鑽進灌木林，講流行於中國和日本的各種笑話，轉眼間笑得人仰馬翻。

離我們不遠的地方，也有一群日本公司的人坐在那裏休息，他們也是來打草的。也許是由於長幼分明吧，他們在那裏正襟危坐，不像我們這裏，迴蕩着歡聲笑語。

中午，我們來到了附近一家中華料理的小店，繼續我們的談笑。好像為我們的故事和笑聲所吸引，坐在對桌上的一個人走了過來，他是另一個來打草的日本公司裏的一員。

「你們是中國人？」他操着濃重的山東口音問道。

「是啊！您是哪裏人？」

「我是山東人，是戰爭孤兒。」他高高的個子，黑紅的臉膛，眼角刻着幾道深深的皺紋，像一個典型的山東大漢。他看到我們似乎感到異常親切，就把他的份飯端到了我們的桌上，和我們攀談了起來。

「您在山東還有什麼親人嗎？」我問。

「我是老大，家裏還有兩個弟弟，兩個妹妹。父親死了，母親還活着，已經八十多歲了。」說到這裏，他望着窗外，眼睛裏充滿深情，像是要掩飾什麼，忙着喝了一口水。他沉默了片刻，突然表情變得非常嚴肅，認真地問我們：

「你們說世界上哪個國家最好？」

「哪個國家都有好的一面，也有壞的一面。」我說。

「要我說中國最好。」他說。

我們對他的話有些吃驚。

「那為什麼你還回到日本？」小胡說。

「我是沒辦法了，入了日本國籍了。」

他又簡單地介紹了自己的身世，說他只記得他的日本生母把他放到了一片草地上，後來是他現在的中國母親把他抱走了。

「你回日本，認你日本的母親，也受到了血液檢查吧？」老王突然沒頭沒腦地問。

「可不是，本來我有證據，我的日本母親扔我時在我身上縫了一塊白布，上面寫着我的名字。我拿着這個證據回日本，可他們還不承認我，又驗我的血，驗我母親的血。你說為什麼人回到自己的國家還要驗血？好像我是個騙子。」

他歎着氣說，目光變得非常迷茫。

「你在日本混得不錯吧？」老林問。

「我日語不好，他們不把我當日本人。開始我說我是日本人，和我一起幹活的日本人都不信。我把護照給他們看，他們把護照翻過來看，倒過來看，然後就嘻嘻地笑，後來我就乾脆說我是中國人。」

「你在中國時你的養父母對你好嗎？」我問。

他很不以為然地擺擺手：「什麼養父母，父母就是父母。父母對孩子不會有兩樣。」

「你的養父母過去做什麼工作？」

他再次激烈地擺了擺手：「什麼養父母，父母就是父母。不要叫『養父母』。我父親過去是焊工，母親沒有工作。」

「你的養父母……」我意識到自己又說漏了嘴，下半句話沒敢再說下去。

他突然憤怒了：「不要你說養父母，為什麼你還要說！？」

他站了起來，雙手握拳，像是在保衛着什麼。

我不知所措了。我想分辯說：本來就是養父母，但我無論如何也沒敢說出口。

我們對視了好久。他慢慢地鬆開了拳頭，坐了下去。在他坐下去的剎那間，我突然看到他的目光變得無比焦渴，緊張地向四方張望，像一個飢渴的嬰兒在尋找着依託，茫然而充滿了期待……我久久地望着他，望着他和我們一樣污跡斑斑的米黃色工作服，望着他結實的額頭下紛紜的魚尾紋，望着他微微顫動的嘴唇……

漸漸地，我似乎理解了他。我仿佛看到了，在 50 多年前，一個被拋棄的孩子，坐在茫茫的草地上，在極度的飢渴中，就是用這樣的目光，哭喊着向四方，向遙遠的天空張望。這時，一個母親走來了，也許是一個衣衫襤褸的母親，她緊緊地擁抱了他……

這是他生命中第一次接受的沒有任何條件的接納，不需要證明，更不需要驗血，也許母親還知道他是自己敵人的孩子，殺戮過自己同胞的敵人的孩子……

然而她走來了，在藍天與大地之間，一個母親和一個兒子，超越了親與仇、敵與友、國與家，他們以一個比這一切更博大、更深遠的生命的吸引，緊緊地擁抱在一起，血和淚，永遠地流在了一起……

也許，這是他與世界唯一可靠的聯繫，是他唯一的不可間離、不可分割情感的依託，是他在陌生的國度，抵抗孤獨的唯一溫馨的回憶……

我知道我錯了，儘管我只是說出一個事實。

這件事情常使我夢魂牽繞。遺留在中國的日本戰爭孤兒，日語叫「殘留孤兒」，他們在日本是一個特殊的群體，他們回國後沒有找到親人的都用自己起的日本名字，少數找到親人的用自己原來的名字。剛來日本時他們大多說不太好日語，生活習慣也是中國式的，看中國電影、中國電視、吃中國飯菜，不改濃重的東北鄉音，喜歡唱中國老歌、中國京劇、中國二人轉，祖國日本，對他們來說顯得有些陌生，他們思念撫育他們成長的白山黑水，更思念養育他們的中國養父母。

1931 年「九一八」事變後，日本侵佔了中國東北地區，東北淪為日本的殖民地。1932 年 3 月，在日本軍隊的一手策劃下，末代皇帝溥儀，在長春成立了傀儡政權——「滿洲國」。

上世紀 30 年代，日本發生「昭和恐慌」，造成當時日本農村陷入疲弊困頓的情況，出現大量農業過剩人口，農民運動不斷激化。日本政府為了解決農村經濟所面臨的危機，同時維持日本在「滿洲國」的利益及在發生戰事時保證預備兵力的供應，從 1931 年「九一八」事變後開始向中國東北大量移民，使他們居住在與蘇聯相鄰的北部與東北部。1936 年，日本廣田弘毅內閣制定出《滿洲開拓移民推進計劃》，計劃在 1936 年至 1956 年將 500 萬名日本人移居至東北，與此同時，也推出了要建造 100 萬戶移民住所的計劃。為了保證這些日本移民的土地，除了開荒以

外，他們以極低廉的價格，強徵中國農民的土地，1935 年 5 月，日本拓務省制定《關於滿洲農業移民根本方案》，決定自 1936 年起，在 15 年內向東北移民 10 萬戶。10 月，日本在國內成立「滿洲移民協會」。12 月，在偽滿成立「滿洲拓殖株式會社」。1937 年 8 月，將「滿洲拓殖株式會社」改組擴大為「滿洲拓殖公社」，作為日本在東北的移民活動的管理機關，同時又成立以關東軍高級軍官及偽滿大臣組成的「拓殖委員會」，作為在偽滿領導移民活動的最高機關。到 1939 年末，日本移民用地已達 10 679 000 公頃，其中有 2 038 000 公頃是原來中國農民的已耕地，佔全體移民用地的 19%，為日本國內耕地總面積的 1/3。到 1941 年底為止，日本通過偽滿政府和「滿拓」掠奪的土地高達約 2000 萬公頃，約是日本國內耕地面積的 3.7 倍，此外日本還派遣大批日本軍政人員、工商界人士進入東北。截至 1945 年底止，日本在東北移民人數達 166 萬人，其中農業移民達 32 萬人（亦有 27 萬人的說法），而唯一可以保護這些「開拓民」的關東軍，隨着戰局的惡化，大部分轉移到其他地方，喪失了迎擊蘇聯的戰力。

1945 年春，蘇聯軍隊決定進攻「滿洲國」之後，日本政府還裝聾作啞，不向開拓民傳達任何有關蘇聯軍隊和關東軍的動向，使開拓民無法採取任何避難措施。更有甚者，關東軍為了補充人員，實行了所謂「絕根動員」，把開拓民中的青壯年全部徵兵，只留下婦孺老幼，使他們從 1945 年 8 月 9 日開始，在蘇聯軍隊的突然襲擊中，在飢寒交迫中生離死別，那些帶着嬰幼兒和兒童的人們，為了使這些孩子存活下去，唯一的辦法就是送給中國人養育，以後這些日本孩子就一直留在中國。

1945 年日本戰敗後，大批日本兒童成為孤兒，日本方面估計有 2500—2900 人。善良的中國人把他們接到家中，承擔起養育的重擔。根據日本厚生勞動省 2015 年的統計資料，孤兒總數為 2818 人，其中有 1284 人的身份被判明，赴日定居的孤兒為 2555 人，加上配偶和子女人數達 9374 人。1995 年日本政府制定並實施了《中國殘留邦人援助法》，遺華日僑的回國事業成為日本國家的責任。

如今，日本遺孤已白髮蒼蒼，他們大多數在中國度過大半生，與中國的養父母及兄弟姐妹結下了不是親人，勝似親人的深厚情誼。

1999 年 8 月 20 日，180 多名中日各界人士聚集在中國瀋陽的「九一八歷史博物館」，舉行了遺留中國日本戰爭孤兒「感謝中國養父母紀念碑」揭幕儀式。

「感謝中國養父母紀念碑」是一座古銅色的雕塑，塑造着兩個衣着簡樸的中國中年夫婦。也許，他們的親人在那場剛剛結束的戰爭中被日本侵略者殺害。也許，他們的村莊，在「三光政策」下殘忍的火光中被燒成一片焦土。他們或曾背井離鄉，流離失所，《松花江上》那淒楚的旋律還在他們的心中迴蕩。但是，他們充滿慈愛地走向了一個又一個啼飢號寒，生死無告的日本孤兒，義無反顧地擁抱了他們、親吻了他們，給了他們父親的呵護、母親的慈愛和一個溫暖的家。不論他們的父母做了什麼，無論他們來自何方，這個家無條件地接納了他們，給了他們一個生死與共的許諾。你看，他們領着一個身背小書包的日本孤兒，充滿了給予他慈愛與安全、幸福與快樂的自信，雕塑上的日本孤兒仰頭望着中國母親，表情多麼安然……

在揭幕儀式上，孤兒代表木村成彥代表孤兒們致辭，當他說到「親愛的爸爸媽媽，我們來看你們來了」時已然泣不成聲。

這本書，就是一部追蹤他們的經歷與情感的採訪錄，是對日本戰爭孤兒和他們的中國養父母在宏大的歷史中獨特的生活縮影及這些孤兒們生活經歷的粗淺研究。

2009 年 11 月 11 日下午 15 時 40 分，一輛載着日本侵華戰爭遺孤感恩訪華團的巴士抵達中南海，當時的北京已是寒風刺骨，當時的國務院總理溫家寶來到紫光閣外的平台上，親自出迎越海而來的代表團……

這個代表團是由 45 名來自日本各地的戰爭遺孤及 10 餘位長年來一直支持這些孤兒的日本議員、律師等組成，此次來華是為了看望仍然健在的中國養父母，並為已經逝世的中國養父母掃墓。

溫總理說：「你們回家了！你們回來看望父母，看望家人，看望中國人民，我也是你們的家人。我代表中國政府和人民，對你們表示歡迎！」

在會見將要結束時，當時 69 歲的松田桂子為溫家寶總理獻上一曲改編的歌曲《說句心裏話》，歌中深情地歌唱了具有兩個祖國，兩個家的戰爭孤兒們，對中國和含辛茹苦把他們養大的中國養父母的深情。

沿着這深情的歌聲，我們追尋着他們的腳印，走進北風刺骨的東北的原野，我們看見一個中國母親，背着一個啼飢號寒的敵人的孩子，走在冰封雪埋鄉間小路，走向一間炊煙嫋嫋的茅屋，無數令人淚水縱橫的動人的故事，就從那裏開始，並延伸到永遠……

爸爸，媽媽，你們還在惦記着你們的兒子嗎？
你們看，我——你們的兒子，
一個日本的孤兒，正和我們總理在一起……

第一章

中國將軍的日本兒子

——日本戰爭孤兒白山明德和他的中國養父母

1945 年的冬天，陰霾籠罩中的瀋陽城飄下點點雪花，瀋陽站以東繁華的商業街春日町（現在的太原街）鬧中取靜的一個大宅院裏，一位中年婦女抱着一個男孩來到國民黨軍官白澄（白劍秋）的宅邸前。

　　那是一座灰磚灰瓦的日式宅院，裏面有三棟房子。白澄將軍與妻子金石純結婚數年，雖然得了一個千金，但是沒有兒子。

　　而這個男孩，是一個日本戰爭孤兒，推定出生於 1943 年，父親在蘇軍 1945 年 8 月 9 日攻入東北後戰死，母親要回日本，吃住行都很困難，因此託人為這個最小的孩子找一個能撫養他長大的人家，只帶着他的哥哥回國了。

《奉天春日市場‧七福屋百貨店的遠景》
偽滿時代日本發行的有關偽「滿洲國」的明信片
愛知大學國際中國學研究中心（ICCS）所藏

奉天春日市場‧七福屋百貨店方面を望む
THE FAMAOUS MUKDEN MANSIYUU

初到將軍家

聽說白澄希望要一個男孩，中間人就把這個男孩送到了白家。

白澄和妻子看這個孩子天庭飽滿，地閣方圓，虎頭虎腦，健康活潑，不由得非常喜歡，馬上同意收留這個孩子，並給他起名「白明德」。白家大戶人家，書香門第，起名也援經據典，「明德」是儒家經典《大學》中的第一篇文章。相傳「明德」所在的第一章為孔子的觀點，曾子述之。「大學之道，在明明德，在親民，在止於至善。」《詩·大雅·皇矣》：「帝遷明德，串夷載路。」朱熹集傳：「明德，謂明德之君，即太王也。」南朝宋·謝靈運《擬魏太子「鄴中集」詩陳琳》：「餘生幸已多，矧乃值明德。」

白家希望這個孩子長大後能修養德行、行善積德、成為大器。

白澄的妹妹白素芳，是中國黑龍江大慶市的退休醫生，她對筆者說：

> 這個孩子來到我家後，大家都很喜歡他。哥哥下班回家總是給他帶好吃的回來，有時候帶些蘋果，有時候帶一些熟透的柿子。小明（白明德的小名）在吃過蘋果，還沒吃過柿子的時候，不知道柿子叫什麼，就管熟透的柿子叫「蘋果稀」。我父親白秀峰是個商人，經營豬鬃、馬鬃等紡織原料。我有兩個哥哥，四個姐姐，一個妹妹，白澄是我大哥，當時一家人都住在瀋陽。
>
> 我大哥在日本佔領東北後，就入關到南方去了，後來進了黃埔軍校，日本投降後又回到了東北。我嫂子金石純是個知書達理的人，她非常賢惠，照顧小明照顧得特別好，也給我們做吃的、穿的，那時我們相處得特別好。

偽滿時的奉天 《從浪花大道郵局附近向奉天站遠望》
偽滿「滿洲國郵政明信片」

當時的春日町 《全滿洲名勝寫真帖》
編輯、發行兼印刷者松村源吉，松村好文堂出版，1937 年，18 頁
日本國會圖書館藏

白明德對筆者說：養母性格溫和、慈祥，不僅把他穿戴得整整齊齊，給他做可口的飯菜，而且養母也唸過幾年私塾，知書達理。沒事就教他唸《三字經》，還給他講「孟母三遷」等故事。當時家裏有手搖留聲機，養母經常放家裏存放的唱片讓他聽，還教他唱《蘇武牧羊》等老歌。

養母的父親——白明德的外公也非常喜歡他，經常給他一些好吃的和玩具。外公原來是木匠，老了幹不動木匠活了就改行算卦。每天敲着一個銅鑼走街串巷。白明德印象最深的就是，他一聽見敲鑼的聲音，就知道是外公來了，忙着蹦蹦跳跳地跑出去，外公見他來了，總是從長長的袖子裏掏出一袋花生米或一些糖果給他，然後充滿慈愛地摸摸他的頭再繼續敲鑼算卦。

他記得小時候家裏的生活很富裕，窗台都是大理石的，院子裏有樹有花，屋裏鋪的都是榻榻米。

他還記得他小時候得過一次肋膜炎，家裏的妹妹也得了肺炎。也許是因為那時沒有抗菌素，他和妹妹的病都很難治，但是養父母背着他到處求醫，竟然為了他忽略了給妹妹治病，最後他的病治好了，小妹妹卻過早離開了人間。

養父白澄投誠　瀋陽和平開城

1948 年，是中國歷史上一個不尋常的年份。

1945 年 8 月 9 日 0 時 10 分，蘇聯根據《雅爾塔協定》，150 多萬軍隊從東、北、西三個方向，在 4000 多公里的戰線上越過中蘇、中蒙邊境，向日本關東軍發動突然襲擊。主要兵力已抽調到南方戰場和太平洋戰場的關東軍不堪一擊，蘇軍很快佔領了東北，關東軍戰死和成為蘇軍俘虜者不計其數，一些隨軍家屬和「滿蒙開拓團」的農民及其家屬流離失所，紛紛將無法

撫養的孩子們託付給當地的中國人，形成中日之間一段特殊的歷史 ——「戰爭孤兒史」。

8月14日，蘇軍各集團軍迅速向東北腹地推進。就在這一天，日本政府向美、英、蘇、中四國政府發出照會，表示天皇已就日本政府接受《波茨坦公告》條款之事發出詔書，並將命令所有陸海空軍當局和所有在他們統轄之下的各地部隊停止作戰行動，繳出武器。

8月15日中午，日本天皇發佈投降詔書。

1945年9月，八路軍按照中共中央迅速佔領東北的指示，挺進東北，積極配合蘇軍作戰。蘇軍撤退前，將大批關東軍的裝備交給了中共軍隊。

但是在亞爾塔會議上，斯大林曾向美國總統羅斯福保證，只援助中國國民政府，在蘇軍佔領東北後的三個月後，蘇軍全部撤出東北，將東北主權歸還給中國政府，而當時同盟國所承認的政府，就是蔣介石政府。

蔣介石派以代理行政院長宋子文為團長、中央設計局局長熊式輝為副團長的中國高級代表團訪蘇，於1945年8月14日，國民政府外交部長王世杰和蘇聯政府外交部長莫洛托夫在莫斯科正式簽訂了《中蘇友好同盟條約》，斯大林答應支持蔣介石政府而不支持中共。

1945年11月19日，蘇聯提出：中共需退出佔領的東北各大城市，交給國民黨政府，中共軍隊不得與國民黨軍隊交戰，如中共不退出，必要時蘇軍將以武力驅散。

11月20日，中共中央指示東北局：避免和蘇軍發生衝突，改變10月19日以來拒阻國民黨軍隊佔領大城市的方針，讓出大城市，佔領廣大農村和中、小城市。

1946年3月，國民黨接收瀋陽。

1946年6月26日，國民黨軍隊向共產黨的中原解放區發起進攻，國共

大規模內戰全面爆發，國民黨軍憑藉其兵力上和裝備上的絕對優勢，向晉冀魯豫、晉察冀、華東、東北、中原等各解放區發動全面進攻。人民解放軍通過前 8 個月機動防禦作戰，給了國民黨軍以沉重打擊。1947 年 3 月，國民黨軍將其全面進攻改變為重點進攻，即集中重兵進攻陝甘寧和山東兩解放區，曾一度佔領延安。

從 1947 年起，人民解放軍轉入戰略進攻。

1948 年，人民解放軍同國民黨軍進行了戰略決戰。1 月，東北民主聯軍改編為東北人民解放軍，到 10 月為止，東北人民解放軍向國民黨軍發動了三次大規模攻勢，10 月，東北人民解放軍已控制了東北 97% 的土地和 86% 的人口。國民黨軍隊當時有 4 個兵團 14 個軍 44 個師（旅），加上地方保安團隊共約 55 萬人，但是被解放軍分割在瀋陽、長春、錦州三個地區內。解放軍切斷長春、瀋陽通向山海關內的陸上交通，國民黨軍隊陸上補給中斷，空運運送物資有限，物資缺乏。

「東北剿匪總司令部」總司令衛立煌見大勢已去，為保瀋陽，將駐守本溪、撫順、鐵嶺等地的部隊調入瀋陽，連同原駐瀋陽的部隊共 13 萬餘人，由第 8 兵團司令官周福成指揮。

1945 年 11 月底，中共黨政軍機構撤出瀋陽以後，留下了完備的地下黨組織。從 1945 年到 1948 年，中共在瀋陽從事地下工作的人員總數是 1200 餘人，其中黨員 178 人。當時在瀋陽的有 11 個地下工作系統和祕密情報小組。1948 年 5 月，根據東北局的指示，成立了中共瀋陽工作委員會，通過整頓，將地下黨及地下黨組織分為 7 個系統，分別領到工運、學運、遊擊武裝組織、統戰及敵軍工作，其中還有的潛伏於國民黨軍政指揮系統中，利用職務之便傳遞重要情報的地下工作人員。

中共地下黨還設法控制了國民黨地方武裝，一個是瀋陽第二守備總隊；

一個是瀋陽市民眾自衛總隊。瀋陽第二守備總隊副隊長王鳳起就是一個共產黨的地下工作者。

第二守備總隊是當時草草拼湊而成，屬師級編制，編制 12500 人，實有人數 8000 人。無實戰經驗。

王鳳起，遼寧昌圖人，1912 年出生在遼寧省昌圖縣鴽鷺鄉大泉眼村一戶農村家庭裏，1925 年考入昌圖縣立中學，曾經由張學良將軍所辦東北軍官預備學校入北京大學物理系，1933 年再考入黃埔軍校第 10 期，1936 年畢業後被分配到駐紮西安的東北軍，在東北軍從軍期間受到張學良栽培。西安事變後，蔣介石扣押張學良，王鳳起對此深感憤怒，認為蔣背信棄義。抗日戰爭爆發後，國民黨上層以軍政部長何應欽為代表的親日派，在最高會議上堅決反對對日開戰，也使他十分氣憤。1939 年，王鳳起從抗戰前線考入設在重慶的中央陸軍大學第 17 期深造。在這裏，他與志同道合，在反對蔣介石上具有共同語言的四川人陳蘊山、湖南人曹澤衡、貴州人胡翔、浙江人梅含章、河北人傅嶽等同期同學結成了「反蔣六兄弟」，1941 年還組成了「中國青年軍人將校團」。他曾三次向時任第六戰區司令長官兼湖北省主席的陳誠遞交「萬言書」，闡述他們的政治與軍事主張，深受陳誠賞識。

從 1941 年「中國青年軍人將校團」祕密成立到 1943 年，「中國青年軍人將校團」在國民黨各大戰區、各軍兵種具備了相當數量的成員，他們制定了政變奪權綱領、建立了嚴密的組織關係網，等待時機。

1943 年 10 月，他們試圖發動政變的密信被軍統特務搜了出來，分佈在全國各地的「中國青年軍人將校團」骨幹遭祕密逮捕，解押重慶，由戴笠直接審訊，先後 10 餘次，而王鳳起則把發動政變、推翻蔣介石政權、剷除國民黨高級要員的真實意圖，說成是「清君側」，「擁戴蔣總裁，力圖內除國賊、整肅軍政」，「掃除漢奸、親日投降派」，是「擁蔣反何」的，把「中國

青年軍人將校團」說成是「忠於蔣總裁的核心祕密組織」，使審訊難以繼續，多次中途擱置。

王鳳起等被關押在中美合作所的渣滓洞和白公館。在關押期間，他結識了東北軍將領、國民黨 53 軍副軍長黃顯生，楊虎城的祕書宋綺雲，中共黨員韓子棟、車耀先、羅世文等，受到了中共地下黨的影響，韓子棟還勸他出獄後去東北解放區。

1947 年 3 月，蔣介石發動全面內戰，急需軍事人才補充，加上蔣介石的愛將、時任第六戰區司令長官兼湖北省主席的陳誠不斷在蔣介石面前為王鳳起說情，蔣介石因此作出批示，宣佈在白公館關押近 4 年的王鳳起等 6 人「無罪釋放」，由國防部分派工作。

3 月 28 日，王鳳起等人回到了南京，在國防部報到。1947 年，國民黨軍隊在東北戰場上一敗再敗，為此蔣介石將陳誠派到東北戰場，擔任東北行轅主任，王鳳起作為行轅高參隨行。

在東北，王鳳起在中共地下黨員的護送下，攜妻子富平潛入北滿解放區，在白城子見到遼寧省人民政府主席閻寶航。閻寶航與富平有師弟之誼，富平在瀋陽坤光女子中學讀書時，閻寶航任該校校長。閻寶航介紹他們到解放區哈爾濱見東北行政委員會副主席高崇民。他們到哈爾濱後見到了高崇民，高崇民將他們介紹給東北局社會部負責人鄒大鵬，經過引薦，他們還會見了負責統戰工作的汪金祥、陳鍾。

經過一系列的談話和教育，王鳳起夫婦決定接受了中共東北局社會部的指示，並表示願意到瀋陽去，開展對國民黨軍等的策反工作。1948 年 4 月，王鳳起和富平重返瀋陽後，王鳳起在同鄉兼陸大校友、時任瀋陽第二守備總隊將總隊長的秦祥徵的推薦下擔任了該部隊副總隊長兼參謀長，他與妻子富平一起祕密展開策反工作。

據《決戰瀋陽》記載，「當時與共產黨有聯繫的進步知名人士有：國民黨立法委員、參政會參政員王化一、遼寧省保安司令部中將副司令趙毅、瀋陽市商會會長盧廣績、東北『剿總』軍糧採購委員會少將副主任胡聖一、東北『剿總』少將高參邱立崿、東北『剿總』中將總參議蘇炳文，以及上校軍官金之銑等人。這些人大多數是張學良的舊部，有的很早就與共產黨的一些領導同志有聯繫。」（林可行編著：百城百戰解放戰爭系列《決戰瀋陽》，吉林音像出版社、吉林文史出版社，2006 年出版，298 頁）

但是，王鳳起等人的積極的策反活動，也引起了國民黨上層的注意。

據《決戰瀋陽》，「1948 年 8 月間，國民黨瀋陽市長董文琦把秦祥徵找到市長辦公室，鄭重其事地說：『有幾位很重要的人對我說，王鳳起和共產黨的地下黨員是一夥，他過去因反對總裁坐過牢，這回是從哈爾濱來的，留這樣的人可要受他的害。』」（《決戰瀋陽》，316 頁）

這以後，秦祥徵又多次接到類似警告。

秦祥徵為了緩和「東北剿匪總司令部」對王鳳起的注視，便以明升暗調的借口，請求「剿總」把王鳳起調為少將副總隊長，參謀長職務由「剿總」兵役科上校主任參謀白澄（秦祥徵的學生，白明德養父）接任。（見《決戰瀋陽》，317 頁）

白澄應該是此時晉升為少將，據《決戰瀋陽》介紹，「國民黨瀋陽第二守備總隊，約 8000 人。總隊部駐瀋陽市同澤街 147 號。該總部屬雜牌軍，主要任務是配合正規軍防守瀋陽。少將總隊長秦祥徵，少將副總隊長王鳳起，少將參謀長白澄。」（見《決戰瀋陽》，355 頁）

10 月 28 日，第 8 兵團司令官兼第 53 軍軍長、瀋陽守備兵團司令官周福成又把秦祥徵找到第八兵團部，很嚴厲地說：「你那個副總隊長王鳳起是共產黨，你知道嗎？」（見《決戰瀋陽》，317 頁）

「秦祥徵回到總隊部立刻請邱立崿、王鳳起來研究對策。邱立崿說：『我昨天上午到「剿總」會見趙家驤參謀長，探聽前方戰事情況和他們的意圖。趙說：前方情況不好，「委座」有電，令衛總司令堅守瀋陽，擬將遼西戰場潰退下來的流散部隊收編，憑藉堅固工事固守瀋陽。從今天周福成的情況分析，說明鬥爭已由祕密趨向表面化，我們要先機制敵，馬上採取行動，絕不能讓他們的罪惡企圖實現。我估計第二總隊帶頭行動後，許賡揚師必接踵採取行動。這樣一來，瀋陽將發生急轉直下的變化。衛立煌、周福成兩個光杆司令，非降即俘。如此，瀋陽可不戰而獲得解放。』秦、王和白澄都同意邱的分析，當即決定於 29 日夜間，把防守渾河第一線部隊和維持市內治安的部隊集中於城內和平、勝利兩區。30 日拂曉，集結完畢，並令各直屬營、連做好戰鬥準備，待命行動。」（見《決戰瀋陽》，318 頁）

10 月 30 日，衛立煌見內變外圍，已成甕中之鱉，只得倉惶逃離。

11 月 1 日，東北人民解放軍消滅了蔣二〇七師戴樸旅，進入鐵西、皇姑區。瀋陽第二守備總隊副總隊長王鳳起，偕同總隊長秦祥徵和邱立崿、趙毅一起迎接東北人民解放軍入城。

《決戰瀋陽》介紹：「11 月 1 日上午，解放軍一縱隊三師八團一營教導員郝建嶽帶領該營二連部隊前進至瀋陽第二守備總隊司令部，該總隊未抵抗，樓上掛着白旗，派人在門口迎候。郝建嶽和二連政治指導員萊陽春等進入該總隊部辦公室，總隊長秦祥徵，副總隊長王鳳起和參謀長白澄要求起義，郝、萊不同意其起義，指令其放下武器。」（見《決戰瀋陽》，356 頁）

解放戰爭中對國民黨軍隊起義和投誠政策上有重大區別，待遇上有重大不同。起義一般是戰鬥開打以前，就已反正，並調轉槍口作戰，這樣的將領到了中共軍隊後通常保留原來待遇，有重大貢獻的職位和待遇甚至有所提高。投誠則是戰爭中間，雖然還可以繼續打下去，但是局勢明顯不利，迫於

形勢提出協商議和，交出武器，選擇了投誠，主動投降，降低了雙方的傷亡數字，投誠的將領也能夠得到一定的優待。被俘就是戰鬥已經進行，但大勢已去，沒有勝利的可能，堅持下去只有全軍覆滅，沒有別的道路就只能做俘虜了。起義的一般保留原有部隊形態，長官不但保留原來職務而且所率領的軍隊依然保留其建制。投誠的部隊長官可以享受優待，去留自由，他所率領的軍隊改編後，編入解放軍部隊。

《決戰瀋陽》介紹：「雙方有爭議難以商定，後八團政委余琳和該總隊秦祥徵、王鳳起、白澄、及東北『剿總』少將高參邱立崞等人乘車去鐵西接一縱三師師長劉賢權到該總隊司令部，同秦、王、白、邱等商定，該總隊放下武器，到市郊集結。秦祥徵、王鳳起、白澄各去一個團督辦交槍，官兵徒手集合。是日夜，該總隊全體官兵按解放軍指令開赴瀋陽市西南郊的上沙坨子、李官屯、富官屯暫住。後其官兵由一縱隊政治部分別作了安置。」（見《決戰瀋陽》，356頁）

11月1日，周福成在瀋陽被俘，五十三軍起義官兵全副武裝在瀋陽郊區毛君屯附近集結，遼北軍區副司令員趙傑代表軍區表示熱烈歡迎。許庚揚和兩位副師長向中共黨中央發了致敬電，暫編五十三師被改編為「東北人民解放軍第五十三師」，加入了人民軍隊的戰鬥行列。11月2日，瀋陽城全部解放。11月2日，人民解放軍佔領營口海港。遼瀋戰役勝利結束。11月9日，錦西、葫蘆島的國民黨軍從海上逃走，人民解放軍佔領東北全境。

據1948年12月31《人民日報》第一版《東北我軍秋季攻勢中 俘敵將級軍官百八十六名》一文介紹：

（五）以上諸役俘虜及投誠之地方軍將級軍官共計少將三十八名，其職銜及姓名如下：

松北五省綏靖總司令部少將參謀長張純璽，軍法處長張福祿，副官處副處長孟文仲，機要處主任傅陡軍，少將參議張佃鋒、舒玉瓚、鄭歲庵，少將參謀李魁文。東北派遣遊擊隊少將副司令胡德山。東北第一守備總隊少將總隊長彭定一、副總隊長葉占香，少將參議張作廷，第三支隊少將支隊長袁榮升。東北第二守備總隊少將總隊長毛芝荃、副總隊長佟道。瀋陽第一守備總隊隊長秦祥徵、副總隊長王鳳起，參謀長白澄……

（https://govopendata.com/renminribao/1948/12/31/1/）

和養父母在武漢的幸福時光

瀋陽第二守備總隊投誠以後，白澄被編入解放部隊搞製圖工作，他對自己的工作不滿意，遂南下到武漢，在朋友的介紹下在一家公私合營的輪船公司工作。白明德也隨着養父母到了武漢，住在江岸區。

江岸區位於長江西岸，武漢三鎮中漢口的東部，境內河流湖泊縱橫交錯。以長江為主要水脈，朱家河、黃孝河、府河、後湖、換子湖、塔子湖等星羅棋佈。江岸區在 1861 年以前是漢口鎮下游的一片曠地，自 1861 年開埠通商，到 1943 年的 80 多年間，曾經有英、法、俄、德、日五個國家在江岸區設立租界，外國的商業設施和文化設施星羅棋佈，可以說江岸區是武漢近代化城市的出發點。

到武漢後，白明德進入武漢三十一小學讀書，那時候家裏的生活還不錯，養父母就他這麼一個兒子，因此對他非常疼愛。他記得那時養父非常愛唱京劇，最愛唱的一齣戲就是《空城計》。三國時，馬謖死讀兵書中「置之死地而後生」一語，不聽諸葛亮勸告，紮營山頭，被司馬懿率兵圍困，痛失

街亭。司馬懿又帶 40 萬雄兵直抵西城，當時諸葛亮守城，守軍甚少，戰之必敗，欲走不能，於是諸葛亮想出空城之計，城門大開，他自領二童，端坐城樓，酌酒彈琴。司馬懿一見，十分驚詫。細聽琴聲，安閑流暢，合拍中節，司馬懿深恐中誘敵深入之計，不敢進城，竟退兵四十餘里。諸葛亮得時機調趙雲等來西城，而自己回漢中。

《空城計》第一場中有這樣的場面：

（二童兒同上，諸葛亮上。）

諸葛亮：（念）兵紮祁山地，要擒司馬懿。（旗牌上。）

旗牌：（念）手捧地理圖，報與丞相知。（白）來此已是。門上哪位在？

童兒：（白）什麼人？

旗牌：（白）煩勞通稟：獻圖人求見。

童兒：（白）候着。啟稟丞相：獻圖人求見。

諸葛亮：（白）傳。

童兒：（白）獻圖人，丞相傳進。

旗牌：（白）是，是。參見丞相。

諸葛亮：（白）罷了。

旗牌：（白）謝丞相。

諸葛亮：（白）你奉何人所差？

旗牌：（白）奉王將軍所差。

諸葛亮：（白）手捧何物？

旗牌：（白）地理圖。

諸葛亮：（白）展開。（諸葛亮看圖。旗牌欲下。）

……

白澄在工作之餘，帶着兒子白明德，找幾個共同愛好京劇的票友，河岸江邊，公園綠地，伴着悠悠琴聲唱起《空城計》，並讓白明德伴琴童，父子共演，其樂無窮。

在養父母的呵護下，白明德生活快樂，學習上進，他還特別喜歡繪畫，經常與幾個小朋友在一起切磋畫藝。小學畢業後，他考上了武漢市重點中學——武漢第六中學。

武漢第六中學位於漢口球場路 64 號，是國內外知名的百年老校。校園環境寧靜幽美，古老而雅緻的建築物在綠樹與鮮花中獨具特色，是名副其實的花園式學校。

白明德說那時養父除了愛唱京劇外還愛寫書法，隸書、篆書也都很好，白明德受養父的影響，也特別喜歡美術。他記得養父因是行伍出身，英俊威武，個子也長得高，脾氣倔強、直爽，好打抱不平。

與養母共度艱難的日子

1956 年 4 月 25 日，毛澤東在中國共產黨中央政治局擴大會議上作了《論十大關係》的講話，提出了「百花齊放，百家爭鳴」的方針（雙百方針）。一個月以後，中宣部部長陸定一向知識分子作了題為《百花齊放，百家爭鳴》的講話，「提倡在文學藝術工作和科學研究工作中有獨立思考的自由，有辯論的自由，有創作和批評的自由，有發表自己的意見、堅持自己的意見和保留自己的意見的自由。」1957 年 2 月，毛澤東發表了《關於正確處理人民內部矛盾》的講話，談到「百家齊放、百家爭鳴」的方針，「促進藝術發展的方針」，「社會主義文化繁榮的方針」。

1957 年 5 月 1 日，《人民日報》刊載了中共中央在 4 月 27 日發出的《關

於整風運動的指示》，決定在全黨開展以反對官僚主義、宗派主義和主觀主義為內容的整風運動，號召黨外人士「鳴放」，暢談自己的想法，給共產黨和政府提意見，幫助共產黨整風。

武漢各地也開展了轟轟烈烈的幫助共產黨整風的運動，各界人士廣開言路，給共產黨提意見。

白澄本身就是一個「直筒子」，又見領導們都苦口婆心勸人們為黨提意見，他也提了幾條，口氣也比較尖銳。

到 1957 年 5 月中旬，突然風向大轉，「幫助共產黨整風的運動」變成了「反右」運動，「給黨提意見」成了「向黨進攻」。

不僅中央抓出章伯鈞、羅隆基、儲安平等這些國家級的大右派，湖北省也抓出了許多著名的「大右派」，如民盟湖北省主任委員、曾經擔任中南財經學院院長的馬哲民教授，武漢大學「右派元帥」、中文系教授程千帆和被批為「山中宰相」的韓德培等，武漢還揪出來一個以在中國戲劇家協會武漢分會供職的杜良驥為首的「海鷗劇社」的「反革命集團」。1958 年 11 月 17 日，杜良驥作為反革命集團的首要分子之一，被判有期徒刑 12 年，剝奪政治權利 5 年。

白澄在這場「反右運動」中也未能幸免，被定性為「右派分子」，發配到湖北的沙洋農場勞動改造。

養父的變故猶如晴天霹靂，白明德一家安寧的小康生活被徹底摧毀，家裏失去了唯一的生活支柱，失去了一切經濟來源。

但是養母金石純卻並沒有因為這個突然而至的變故垂頭喪氣，唉聲歎氣，她似乎很淡定地接受了這個變故，把它看成一種宿命。

她馬上擔起全家生活的重擔。原來的房子租金比較貴，她領着白明德搬到了一個窄小、黑暗的房間，然後她每天出去找各種零活幹。

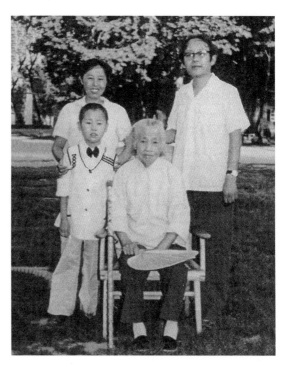

白山明德一家和養母在大沙湖農場
黃傳斌攝影

　　那時街道上有糊紙盒的工作，起早貪黑糊一天能賺幾毛錢，養母就每天
都去糊紙盒。

　　糊紙盒有季節性，工作沒有了以後養母再到處找工作。她有時去水泥工
廠去拆回收的水泥袋，有時幫助人家帶孩子、做保姆，有時去拾垃圾、撿破
爛……為了能讓正上中學、正長身體的白明德能夠吃飽、吃好，她起早貪
黑地工作，從無怨言。

　　「三年自然災害」時，糧食和一切食品緊缺，每個人都餓得眼睛發綠。

就是那時，養母也儘量讓白明德吃飽，有一點糧食都可着白明德吃。沒有錢買魚、買肉，養母就買一些那時在武漢比較便宜的豆腐、蛤蜊給白明德吃，以補充營養，自己吃一些「三合麵」等代用食品。所謂「三合麵」，就是一分麥麵一分麩子一分油渣做的饅頭，在現在只能算作飼料。

當時中國是「唯成份論」的社會，出身不好的人受到歧視，養父的問題也使白明德受到很大的壓力，他除了努力學習之外，最大的樂趣就是和幾個要好的愛好美術的同學在一起切磋畫藝。

由於他畫畫得很好，在上生物課的時候，生物老師經常讓他幫忙畫動植物畫，上課時當教材用，剩下的顏料和紙張及用過的畫筆就送給了白明德。白明德把這些東西當做寶貝，用這些東西刻苦練習畫畫，提高畫藝。

有時有共同愛好的同學們到他家裏來玩，雖然家裏很困難，但是養母總是熱情地留他的朋友們在家裏吃飯，用當時家裏最好的東西招待他們。

有一次一個同學來家裏玩，養母做春餅招待同學，這個同學過後對白明德說：「你媽媽做的春餅真太好吃了，我沒吃夠。」白明德把同學的話講給養母聽，養母聽後笑着說：「不能讓他吃夠，讓他吃夠了他下次就不來玩了。」而白明德心裏明白：那是家裏僅有的一點兒麵，媽媽自己是絕對捨不得吃的。

1964 年，白明德報考大學，由於他學習成績優異，加上有繪畫的特長，初選時考上了中央工藝美術學院，但是由於養父的問題在政審時被刷了下來，這對他的打擊很大。悲傷之餘，他選擇了「上山下鄉」的道路，到了當時湖北的洪湖大沙湖農場落戶。

洪湖地理環境優越。海拔大多在 23—28 米之間，地勢廣闊平坦；境內河渠縱橫交織，河流湖泊星羅棋佈，既有煙波浩渺、碧波蕩漾、綠荷紅蓮、魚繞蓮蓬的秀麗風光，也有三國「赤壁之戰」火燒烏林的古跡，這裏盛產各

種魚、蝦、蟹、龜、鱉、螺和蓮藕，素有「魚米之鄉」的美稱。

大沙湖農場南臨長江與嘉魚縣隔江相望，北有內荊河潺潺流過，西南離三國古戰場赤壁、烏林 30 公里，距洪湖城區 47 公里。

白明德到農場時，那裏還很荒涼，滿目是蘆葦沼澤地，來自全國各地的青年們僅憑自己的雙手，一把砍刀，一把鋤頭，開墾莽莽荒野。他們的工作是農業勞動，種水稻、棉花，或圍湖造田。

據白明德說，當時的環境十分艱苦，住的是倉庫改成的宿舍，睡上下鋪，吃集體食堂，經常有吃不飽的時候。宿舍的旁邊有餵牲口的飼料庫，一些小青年飢餓難忍時，就把鐵絲從倉庫的門底下伸進去，扎在裏面存放的餵牲口用的紅薯上，然後拉出來洗洗就吃了。後來管倉庫的人發現了，覺得也不好說什麼，就在紅薯堆上揚了厚厚一層牲口糞以防「被偷」。

當時白明德還是一個剛剛高中畢業的書生，起早貪黑每天幹繁重的體力工作，又沒有工資，生活得很艱難。

養母雖然尊重他的選擇，但是對遠離她的兒子非常惦念，她省吃儉用把節省下來的錢寄給兒子，有時人家給她一塊布，他就給他兒子衣服，怕農場冷，她還給兒子做了小棉襖和棉背心等寄去。

由於白明德吃苦耐勞，表現好，又是省裏重點中學的高中畢業生，因此不久就被調到農場的中學裏任教員，教語文和美術等課程，後來還被分配去教高中三年級為畢業生高考把關。

有一次，白明德回到武漢為學校買運動服，順便回家看母親。他推開門，不由得大吃了一驚，他發現母親躺在地上，他連忙問母親是怎麼回事？母親告訴他，她被一輛自行車撞了，現在已經不能站起來了，但是就是這樣，她怕影響白明德的工作，也沒有告訴他。當時是她當保姆那家的兩個女兒輪流給她送飯。

白明德一看這種情形，馬上下了決心，他對母親說：「媽呀，我帶你去農場吧，只要我在，就能讓你有飯吃。」

白明德借了一輛板車，把養母拉到江邊，帶母親乘船去了大沙湖農場。

學校看到了白明德母子的困境，也給他們安排了宿舍。後來他和學校的工友鄧明友結婚，有了家庭，對母親更是孝順、照顧有加，不僅儘量讓母親吃好、睡好，而且還買了輪椅，經常推着母親出去散步。白明德的姑姑白素芳女士對筆者說：「在『文化大革命』開始的時候，我嫂子（白明德的養母）由於我哥哥被勞改，被人稱作「黑五類」，有人就故意用自行車把她撞傷，從那時起她就不能走了。小明和他媳婦特別孝順，照顧她照顧得可好了，讓她吃得好、穿得好，還經常帶她散步，給她洗澡。我直到現在都非常感謝他們。」

在農場期間，白明德還背着母親，水路旱路，去勞改農場去看了一次

白山明德在 2015 年戰爭孤兒等春節聯歡晚會上

來到日本後，白山明德的養母每天坐在窗前盼望家人歸來
白山明德提供

養父。當時養父雖然還在農場工作，但是行動已經有了一定的自由。他在電話裏聽說兒子背着妻子來看自己，就借了一輛板車，在黑夜中來接妻子和兒子，見到他們後，他讓妻子坐在車上，他們一家三口來到農場，過了一個短暫的團圓之夜。

80 年代初期，中國進入了改革開放和「撥亂反正」的時期，也給白澄平反，落實政策，他被分配到湖北省博物館做文物研究與保護工作。經過了 20 多年勞改生活的白澄非常興奮，恨不得一步跨到武漢與家人團圓。但是就在他接到他得到平反昭雪的消息那個夜晚，突然心臟病發作，這位與共產黨人一起打開瀋陽和平解放之門的將軍，一個苦苦等待了 20 多年的老人，帶着無限的遺憾離開了人間。

白明德的尋根之路

在養父去世之後，養母覺得自己一天比一天老了，如果不讓白明德知道自己的身世，他可能一輩子也不會知道。她思前想後，有一天終於告訴了白明德他自己的身世。

白明德當時受到了很大的衝擊，那一夜他一宿沒睡。這個消息對他來說太突然，30 多年的風風雨雨，30 多年的甜酸苦辣。小時候有養父的呵護，沒有受到過什麼委屈，養父受難後，養母用她孱弱的雙肩，擔起了撫養他成人，供他唸書的重擔，這是一種怎樣的恩情，怎樣的相依為命？養父是那樣的慈祥，他曾唱着國家將亡的悲歌「九一八，九一八，在那個悲慘的時候，脫離了我的家鄉，拋棄那無盡的寶藏……」（歌曲《松花江上》的歌詞，張寒暉作詞），棄筆從戎，出生入死，與侵略者戰鬥，然而當他與他的隊伍一起收復了國土，回到了故鄉，他卻傾注他全部的慈愛，去養育、去呵護一個敵人的孩子，一個異國的孤兒，而養母在那些淒風苦雨的日子裏，為了他——一個沒有任何血緣的孩子吃飽穿暖，付出了多少艱辛和苦楚？

在他去農場和一個人在農場的日子裏，母親一針一線，縫製多少衣服，那裏滲透了飽蘸着母親淚花的溫暖……

他不相信這是真的，因為世界上沒有比這更好的父親與母親……淚水流進黑夜，流進晨曦，也打濕了他的衣衫……

1978 年 8 月《中日和平友好條約》簽訂後，中日兩國政府經過多次研究協商，決定從 1981 年開始，由兩國政府有關部門負責，分期分批地組織在華日本遺孤赴日尋親。各級政府也開始四處尋找留在中國的日本戰爭孤兒，養母也催白明德去東北找一些有關自己身份的證明材料。在東北的一些親戚們也來信了，歡迎他們回東北走一走。

於是，1982 年，白明德和妻子背着母親，用扁擔挑着行李，領着兒子，開始了東北的尋根之旅。

他們先來到了大慶的姑姑家裏，又到了長春，找到了和父親一起促成瀋陽和平解放的王鳳起、富平夫婦。那時王鳳起擔任吉林省人民政府參事、省政協委員；富平為長春南關區政協常委。

當年威武的將軍王鳳起和颯爽英姿的地下黨員富平已經白髮蒼蒼。他們對老戰友遺孀一家的到來感到非常高興，富平親自下廚，給他們做了豐盛的晚餐。

他們都記得白明德小時候的事，管他叫「小明」，他們也知道他是戰友白澄收養的日本孤兒。

關於他的孤兒身份，湖北省的公安部門也做了詳盡的調查，並出具了證明。

1983 年，白明德隨兩國政府組織的尋親團訪問日本，在尋親會場——東京代代木的國立奧林匹克紀念青少年綜合中心，他遇到了一位熱情的日本老婦人——山村文子。戰後她曾留在中國東北，在當時的混亂中，她帶着她的兒子各處流浪，兒子在流浪途中病餓而死。她回到日本後，知道了很多日本戰爭孤兒留在了中國，便義無反顧地投身到幫助孤兒們尋找自己親人的工作之中。她曾多次赴華會見孤兒們並感謝中國的養父母們，也先後接到了留在中國的戰爭孤兒們請她幫助尋找親人的信件幾百封。

山村文子能說幾句中國話，她熱情鼓勵白明德努力找到親人。回國後，白明德也和她經常通信。

1986 年，山村文子還特意從日本來到大沙湖農場，看望白明德與他的養母。

白山明德的妻子和養母一起看櫻花
白山明德提供

白山明德為養母修墳立碑
白山明德提供

白山明德夫人陪養母看電視
白山明德提供

帶着養母一起回日本

1988 年，白明德帶着養母和一家人回到了日本，當時孤兒回國，日本政府是不允許帶養父母一起回國的，但是白明德克服種種困難，終於說服了日本政府，同意他把養母也帶回日本。

雖然是回到了祖國，但是孤兒們面對的是陌生的環境和聽不懂的語言，對於一個成年人來說，一切從頭開始，有說不出的艱難。

他們回國後先在埼玉縣的所澤歸國者中心適應生活環境。1989 年，白明德在職業訓練學校裏學習瓷磚鑲嵌工藝，學成後到建築工地參加工作，但是他一個星期之後就辭掉了這個工作，因為覺得那裏有的人對他頤指氣使，有欺負人的傾向。

第一次嚐到失業的滋味，白明德心裏很難過，後來他看到有一家葬儀社在報紙上登廣告招工，他用自己剛剛學會的一點兒的日語打電話過去，沒想到對方真的接受了他。

剛來日本時，沒有找到自己親人的人都由政府分配一個保證人，並由保證人給起一個日本名字，不管自己喜歡不喜歡，都要接受這個名字，而白明德的保證人給他起了個名字叫「芳賀史夫」，但是他非常珍視自己的名字，覺得那裏包含着中國父母的美好祝願。他覺得，就是改成日本人的名字，也要包含養父母給他起的名字這三個字，但是在日本，一旦名字確定下來，再改名就非常艱難，甚至要通過法院打官司。

但是白明德無論如何也不想扔掉自己的中國的名字，因為那裏面包含着養父母的深情和祝福。

他不惜到法庭和政府對簿公堂，要求改名。2011 年，東京家庭法院終於作出判決，判決白明德改名為現在的名字「白山明德」。

白山明德高興地對筆者說：「對這個名字我是很滿意的，首先它全部包含了養父母給我的名字，而加一個『山』，可以代表養育我的中國東北的白山黑水，代表中國人民的養育之恩，比山高，比水長，還可以紀念特意從日本趕到大沙湖農場去尋訪我的山村文子女士。」

雖然剛來日本時居家狹窄，生活拮据，但是白山明德和妻子孝敬養母始終如一。他說：「一直和我們相依為命、互相照顧的養母由於步行困難，我們都出去工作時，只能一個人留在家裏，每天一個人留在家裏坐在窗前眺望景色，盼我們回來。我們也覺得很過意不去，我們所能做到的，就是一到休息日和過年過節，我們一家人推着輪椅帶她去逛街、去公園，也定期待帶她去醫院看病。來到日本後，她曾四次和我們一家人觀賞櫻花盛開，在她來日本第五年的 1992 年，也就是她 84 歲的時候，她老人家與世長辭。養母希望

她的遺骨能埋在她生活過的武漢大樹參天、鬱鬱蔥蔥的郊外。我就在武漢市郊買了墓地，埋葬了母親。我們一家經常在正月回去燒紙、掃墓，就是在日本，每到過年，我們在把飯菜擺好後，會在桌前擺好養父、養母的席位，斟好酒，打開房門說：「爸爸，媽媽，過年了，回來吧，我們一起吃團圓飯。」到清明節，我們都要買好供品，也會到公園去為他們燒紙。」

2009 年 11 月 9 日，45 名日本遺華孤兒感謝中國人民養育之恩訪華團訪問中國，他們此行是為看望給予他們第二次生命的中國養父母，並為已經逝去的中國養父母掃墓，感謝中國人民的養育之恩，白山明德也參加了這次訪華團。2009 年 11 月 11 日下午，當時的中國國務院總理溫家寶在中南海紫光閣西花廳會見日本遺孤感恩訪華團。

在與溫家寶總理的座談中，白山明德第一個站前來發言，他說：「在戰後的混亂中，在中國人民還在戰後的困難中生活的時候，中國養父母養育了數以千計的日本孤兒。他們相信他們所做的是正確的，並且義無反顧地把他們作為自己的孩子養大成人。這是世界史上古今未有過人性的偉績。」

他的眼睛濕潤了，他看見在瀋陽太原街的風雪中，背着病弱的他跑向醫院的養父，他看見在在武漢的郵局前，疲憊的養母正在為他郵寄一件充滿惦念的棉襖……　．

他想起了那首古老的詩歌：

慈母手中線，遊子身上衣。
臨行密密縫，意恐遲遲歸。（孟郊《遊子吟》）

爸爸，媽媽，你們還在惦記着你們的兒子嗎？你們看，我——你們的兒子，一個日本的孤兒，正和我們總理在一起……

媽媽我想對您說
話到嘴邊又咽下
媽媽我想對您笑
眼裏卻點點淚花
……

第二章

淚花浸透七十五年的思念

——日本戰爭孤兒池田澄江與她的中國養父母

1994 年 12 月 4 日，星期日。日本東京晴空萬里，風和日麗，在東京代代木的國立奧林匹克紀念青少年綜合中心那咖啡色、淡黃色、白色色塊組成的現代派建築群中，起伏的玻璃頂長廊在陽光下閃動着深藍色的光芒。這一天，這裏正在舉行留在中國的日本戰爭孤兒訪日尋親活動。會場裏熙熙攘攘，從中國來到這裏的戰爭孤兒、來自日本各地尋找親人的日本人、法律工作者、各個媒體的記者們、日本厚生省的官員們都來到了這裏，等待着重逢的奇跡。

日本櫻花共同法律事務所的法律事務職員、從中國歸國的日本戰爭孤兒今村明子也來到這裏，為法律事務所的律師、「支援遺留中國戰爭孤兒取得日本國籍之會」會長河合弘之做翻譯。午休時間，她來到青少年綜合中心下面的吃茶店，買了麵包和冰淇淋。

她剛剛坐下，一位日本老婦人來到她的茶桌前，她穿着一身潔淨的衣裙，目光裏充滿了和善。她在會場看見了今村明子做翻譯的情景，為今村明子流暢、地道的漢語和優美的聲音讚歎不已，在吃茶店裏再次看到今村明子，她非常高興，走過來說：「您的漢語說得真好。」聽今村明子告訴她，自己也是戰爭孤兒，來自中國黑龍江牡丹江市。聽了這話，老婦人眼睛裏露出了驚訝的神色，她望着今村明子，講起一段傷心的往事。

老婦人說，戰爭結束後，自己有個妹妹留在了中國，同樣也在黑龍江省的牡丹江市，如今也不知是否活着？說着說着，老婦人的眼睛裏浸滿了淚水。相同的命運，使今村明子對老婦人充滿了同情，話也越來越多。老婦人說，日本戰敗前，她父親是日軍陸軍少校，他們一家人和父親一起，住在牡丹江。1945 年 8 月 9 日，蘇軍突然襲擊虎頭要塞，在戰後的混亂中，父親被蘇軍帶到西伯利亞，母親帶着 7 歲的她、9 歲的姐姐、3 歲的弟弟和 5 歲及剛滿 10 個月的兩個妹妹逃亡，來到牡丹江日本人收容所。母親經過一段

時間的顛沛流離，忍飢捱餓，早已精疲力盡，也沒有了奶水，而收容所裏沒有 10 個月的孩子能吃的東西，媽媽只好把自己的親骨肉送給當地的中國人收養。今村明子也講述了自己從養父母那裏聽來的自己的經歷。她們的話越談越攏，越談越近。她發現自己和老婦人丟失的妹妹的相似點越來越多，老婦人也覺得眼前這個樸實的中年女性的身世，簡直就和自己離散近 50 年的妹妹一模一樣。老婦人越來越驚愕，她用顫抖的手拿出了筆和紙，讓今村明子把當時她家的地圖畫出來。今村明子根據記憶，畫了牡丹江車站、難民收養所和當時的一些主要道路，當畫到最初收養她的李家時，老太太站起來說，激動地說：「澄江！澄江！你就是我的妹妹澄江！」當時和她一起來尋找妹妹的二妹長南美佐子正在吃茶店裏打電話，她激動地把美佐子叫來說：「看呀！她是澄江！澄江！她是我們的妹妹澄江呀！」

今村明子——池田澄江眼睛裏含滿了淚水，她拭擦着模糊的淚眼，看着兩位老婦人，這就是自己日思夜想的姐姐嗎？離別 50 年，尋親 13 年，這漫長的歲月中經過了多少酸楚與絕望，令人萬萬想不到的是，「眾裏尋他千百度」的親人，竟在這偶然邂逅中相聚，望着親人，她不由得淚水滂沱……

虎林硝煙與鏡泊湖逃亡

1945 年 8 月 9 日 0 時 10 分，蘇聯兵分四路，百萬大軍如怒濤一樣越過中蘇、中蒙邊境，向日本駐守東北的關東軍發動全線進攻。守衛在中蘇邊境軍事要塞群中最主要要塞之一——虎頭要塞的日本關東軍「第十五國境守備隊」與蘇軍展開一場殊死的戰鬥，這是第二次世界大戰中遠東最後一戰。

8 月 9 日拂曉，蘇聯遠東第一方面軍第 35 集團軍第 57 邊防總團首先發

起進攻，強渡烏蘇里江和松阿察河，向對岸的日軍發起總攻擊，在虎林鎮居住的日軍家屬和其他日本人都躲進要塞避難，加上軍人，要塞中共有 1800 多人。

經過幾次激烈的戰鬥，蘇軍當日攻佔了東郊碼頭和虎頭鎮，日軍守在虎頭要塞各個陣地困獸猶鬥。8 月 10 日，蘇軍以空中優勢猛烈轟炸虎頭要塞，隨後步兵 1056 團和 109 築壘部隊發起了對虎頭要塞總攻擊，日軍負隅頑抗，陣地 9 次易手。

在超過固守虎頭要塞日軍兵力十倍的蘇軍的攻擊下，日軍處於完全的劣勢。8 月 15 日，日本天皇裕仁通過收音機播放無條件投降的「玉音放送」，但虎頭守軍認為這是敵人的謀略，依然堅持抗爭。17 日，蘇軍派 5 名日軍俘虜前來勸降，日軍拒絕，日軍的一名將校還將一名勸降者用軍刀砍死。為此蘇軍繼續進攻，8 月 21 日，殲滅日軍西猛虎山步兵第三中隊。8 月 26 日，殲滅日軍虎嘯山步兵 1 中隊。8 月 27 日，殲滅日軍中猛虎山守備隊炮兵 2 中隊。至此，虎頭要塞的日軍守備隊 1387 人，除 53 人生存外，全部被殲滅。第二次世界大戰最後的激戰至此結束。

在虎頭要塞被攻陷前的 1945 年 3 月，池田忠一從虎頭要塞的第 4 國境守備隊轉入駐紮在離牡丹江 110 公里的寧安縣鏡泊湖一帶的第 122 師團參謀部，第 122 師團駐紮在鏡泊湖南湖頭，作為機動部隊，在鏡泊湖山區構築工事，開鑿山洞，作長期固守之準備。4 月下旬，第 122 師團舉行了「軍旗節」，隨軍家屬也都參加了「軍旗節」慶典，母親帶着池田澄江及哥哥姐姐們一起來到了會場，觀看騎着軍馬的父親參加操練。

這一年的 7 月，第 122 師團戰鬥司令部在這裏竣工，7 月中旬在這裏召開了參謀作戰會議。

1945 年 8 月 9 日，蘇聯大軍向日本駐守東北的關東軍發動全線進攻，

池田忠一
池田家提供

很快到達鏡泊湖南湖頭，夜空被戰火映得通紅，炮彈和子彈像流星一樣呼嘯
着飛過。在軍屬宿舍居住的池田一家乘着軍隊卡車逃難，到了鏡泊湖南岸的
第 122 師團戰鬥司令部，許多開拓團的日本人也都來這裏避難，軍人們給避
難的日本人發放食物。

　　8 月 17 日，軍隊把避難的日本人集中到廣場上，宣佈日本無條件投降
的消息，此時大人們都哭了起來。

　　8 月 27 日，蘇軍進入日軍設施，見到穿軍服的日本人立刻擊斃，也發

生了強姦和掠奪的事件。

為了避免再次遭難，在這裏避難的 300 女人和孩子日隱夜行，向離這裏 60 公里的寧安縣的東京城出發。當時 31 歲的母親背着池田澄江 3 歲的哥哥，一隻手拎着行李，一隻手領着池田澄江 5 歲的姐姐，9 歲的大姐背着一家人的衣服和毛毯，7 歲的二姐背着剛剛 10 個月的池田澄江。

他們漸漸落在了隊伍的後面，一家人拚命向前趕，終於到了東京城，他們看到那裏有許多日本軍人，蘇軍士兵持槍監視着他們。

9 月 6 日，東京城的日軍被繳械，所有的日本軍人放下的槍與戰刀，堆成一座小山。哥哥姐姐這時看到了他們的父親，但是從此以後父親和沒有受傷的軍人，及青壯男性難民都消失了，據說都被帶往西伯利亞做苦工，只剩下了老人、女人、孩子和傷病軍人。

這以後，他們一家乘森林鐵道貨車來到了牡丹江，輾轉來到牡丹江市的日本難民收容所。一路上顛沛流離，飢寒交迫的母親早已經沒有了奶水，收容所里食品不足，幾個姐姐四處乞討，勉強度日，更找不到 10 個月大的池田澄江能吃的東西，她很快就餓得氣息奄奄，哭不出聲來。母親心急如焚，背着她在牡丹江的大街小巷奔走，到處跪求中國人收留這個可憐的孩子，救她一命。後來一對好心的中國李姓夫婦答應收留她，但是李姓夫婦原本是有孩子的，只是在她母親苦苦的哀求下才收留了她。母親留下了手錶和戒指，求他們夫婦把孩子養大。臨別時，母親握着池田澄江的手流着眼淚說：「媽媽一定來接你。」

不滿週歲的池田澄江望着母親，竟然笑了。

李姓夫婦收下她後，知道朋友徐本志、劉秀芬夫婦沒有孩子，一直很想收養一個孩子，因此就把池田澄江轉送給了徐本志夫婦。

1945 年 7 月 17 日，美、蘇、英、中等同盟國在波茨坦召開會議。會議

規定，日本軍隊在完全解除武裝後，將允許其返鄉，包括家屬和日本平民。日本當時滯留在海外的總人口達到 660 萬。其中有 330 萬是軍人及軍人家屬，另外 330 萬是平民。中國戰區（不包括東北三省）等待遣返的日俘、日僑共計 200.16 萬餘人。東北待遣返日俘、日僑約 110 萬人，當時在中國的日本人總數在 310 萬以上。

1946 年 1 月 7 日，中國共產黨代表周恩來、國民黨代表張群、美國特使馬歇爾組成「軍調處三人小組」，經過協調決定，大連地區的日本僑俘 27 萬人由蘇軍負責，經大連港徑直遣送。丹東的日本僑民 7.5 萬人由東北民主聯軍負責經朝鮮陸路和鴨綠江海運遣送。在東北地區的其餘日本僑民全部集中到葫蘆島港進行遣返。

在 1931 年，侵華日軍發動九‧一八事變後長達 14 年的戰爭中，中國軍民傷亡共 3500 多萬人，損失財產及戰爭消耗達 5600 餘億美元，戰後民生凋敝，財政拮据，但是當時的中國政府仍撥出了大批糧食、燃料、藥品和 13441 節火車貨車，供遣返日本僑民之需，僅 1946 年 5 月至 8 月，遣返經費開支就達 14712 萬東北流通券。東北九省流通券是國民政府財政部於 1945 年 11 月 2 日公佈《中央銀行東北九省流通券發行辦法》，從 1945 年 12 月 21 日起，在東北國統區發行的區域性流通貨幣，限在東北九省流通，取代滿洲國發行的滿元。

1946 年 5 月 7 日，停留在葫蘆島港口的 2489 名日本僑民作為遣返的第一批人員，在輪船的汽笛聲中離開了葫蘆島港。

在遣返日僑過程中，美國政府急調 120 艘船隻，其中有大型艦艇、輪船，還有日本的民船如「北斗丸」、「大鬱丸」等也都參加了遣返。這些艦船日夜往返於葫蘆島港與日本的佐世保、博多、舞鶴等港口，往返航次多達 800 餘次。

葫蘆島日本難民大遣返
每日新聞社《在外邦人歸國記錄－對祖國的深切思念》
飯山達雄、三宅一美、每日新聞社寫真部攝影，每日新聞社，1970 年出版

　　1946 年夏天，池田一家在牡丹江難民收容所接到了消息，讓他們坐火車去哈爾濱等待回日本。秋天的時候，他們終於得到了可以歸國的通知。他們乘坐貨車開始了從哈爾濱到葫蘆島的長途之旅，10 月左右，終於乘上了歸國的輪船。

　　池田澄江的二姐長南佐美子回憶道：「船上的飯菜非常好吃，有黃色的小米粥、有像紅豆飯似的高粱米飯，但是母親由於身體非常衰弱，因此連專

給病號做的白米粥也喝不下。也有在船上死去的人，我看到好幾次水葬，就是把死去的人用毯子裹上沉入海裏。當我們看到日本島的時候，船停了下來。從停船到上岸，海關檢疫所的人反覆將試管插入肛門進行便檢。後來我們終於在門司港上岸了，母親的臉上露出了笑容，我們也高興地歡呼起來。」

中國母親呵護下的「小日本」

池田澄江的養父徐本志是一個聰明能幹的漢子，母親早逝，在他 8 歲那年，父親給他娶了一個 18 歲的後媽。徐本志小時候頑皮而倔強，不能接受這個後媽，因此 13 歲就從家裏跑出來一個人闖蕩。他先跟着蓋房子的人學瓦匠，後來長大了，就開始做買賣，收養池田澄江時，家裏生活還算富裕。

徐本志夫婦把收養的池田視為掌上明珠，呵護有加。由於與日本母親一起顛沛流離，奶水不足，營養缺乏，池田當時患了嚴重的眼病，幾乎雙目失明，養母十分焦急，每天背着她四處求醫尋藥，花多少錢都捨得。

在養父的努力和養母的呵護下，池田澄江的眼睛終於恢復了，看着她閃亮的黑眼睛，養父母都非常高興，也對她更加疼愛。他們給她起名叫「徐明」，也許是希望她的人生也像她的眼睛一樣，重見光明並且永遠。

養母是一個非常善良的小腳女人，非常勤勞，喜歡乾淨。當時牡丹江市還很少有樓房，但他們卻住在一座二層小樓的樓下，也算是當時的高級住宅。母親每天把紅油地板擦得鋥亮，屋子收拾得整整齊齊，也把池田打扮得乾乾淨淨漂漂亮亮，一家人生活得平安幸福。

當時條絨還是一種奢侈品，而池田從小經常穿一身條絨衣褲，招來了鄰居們羨慕的目光。到了夏天，養母給池田穿上一身白色的衣褲，這在當時

的孩子之中是很少見的，因為當時的環境不是很乾淨，孩子們淘氣，淺色的衣服很容易弄髒，家長每天洗衣服會覺得很麻煩，因此穿深顏色衣服的孩子多。但是養母不是這樣，她喜歡讓池田穿潔白的衣褲，讓她顯得乾淨、可愛。養母很勤勞，洗衣服從不嫌麻煩，池田也很懂事，經常注意不把衣服弄髒，養母為此經常誇獎她。

在池田的記憶中，養母無論到什麼地方都帶着她，養母總是緊緊地牽着她的手，像是怕她走失。

他們當時住的是一座四合院，院子裏的孩子們經常成群結隊在院子裏玩，歡天喜地的聲音使池田很羨慕，總想出去和他們一起去玩，但是母親總是不放心她一個人出去。

她四五歲的時候，有一天一個叫「黑姐」的熟人來到她家串門。養母對她說：「你出去玩吧，我和你黑姐說話。」

一聽這話，池田高興得不得了，她早就想一個人出去和院子裏的孩子們玩了。

她蹦蹦跳跳地跑了出去，跑到正在一起玩耍的孩子們跟前喊道：「帶我一個！帶我一起玩！」

聽池田這樣一喊，正玩得高興的孩子們都停下來看她，一個經常領頭玩的男孩子突然說：「你不要過來，我們不帶你玩，你是小日本！」

池田聽愣了，她驚訝地說：「什麼小日本？」

這時一個孩子走過來說：「你要想和我們一起玩，就從我的胯下鑽過去。」池田着急和他們一起玩，也沒猶豫，就鑽了過去，於是孩子們接受了她，她加入了孩子們當中，痛痛快快地玩了一次。

回到家裏，養母看她把衣服都弄髒了，就問她是怎麼回事？她告訴養母，她和院子裏的孩子們一起玩了，她還問養母：「他們管我叫『小日本』，

什麼是『小日本』？」

養母的眼睛露出了擔心與慌張的神色，她連忙對池田說：「那是罵人話，不是好話，你不要聽，不要信，也不要說。」

那以後養母好幾天似乎總是心神不定，還經常挨家挨戶去那些孩子家裏。後來池田才知道，她是去拜託孩子們的父母，教育他們的子女不要對池田說這樣的話，不要傷害她幼小的心。

7歲，池田上了小學。一次學校裏組織看電影，電影裏出現了騎馬揮刀，燒殺劫掠日本兵的形象，孩子們看到這裏非常氣憤，他們高呼「打倒日本」，還有些人指着池田說：她就是日本鬼子！一些孩子跑過去打她的腦袋，還往她身上吐吐沫，池田嚇得躲到椅子底下哭了起來。

電影散場後，大家排隊回學校，班主任任老師點名時發現沒有池田，就問大家：「徐明哪裏去了？」同學們說：「她是小日本！在椅子底下呢！」

任老師慌忙來到電影院裏找到了池田，把她從椅子底下拉了出來，看她哭得兩個眼睛紅腫，連忙安慰她。

為此，任老師嚴厲地批評了那些欺負她的同學。任老師說：「電影裏日本人幹的那些壞事與她有什麼關係呢？你們欺負她是不對的，對同學要團結友愛。以後再出現這樣的事情我絕對不會答應你們。」從此以後，再也沒有人敢欺負池田了。

池田當時心裏很感激老師，她想：做老師真好。我長大了，也一定要做老師。

池田8歲那年，有一天，突然有兩個公安局的人來到了她家，對她說：「小孩，你出去玩，我們和你媽說話。」

看見公安局的人來了，池田心裏有些害怕，因此她出去後沒敢走，而是躲在門後偷聽大人們說話。

他聽到公安局的人說：「你的這個孩子是日本孩子。」

養母說：「不是，這是我生的孩子！」

公安局的人說：「什麼你生的孩子？我們都調查過了，是你們從姓李的那個人那裏抱來的。」公安局的人還詳細講述了養父母收養池田的過程。

養母沉默了，淚水湧出了她的眼簾，她低頭說：「是的，這是我領養的孩子。」

池田看見母親哭了，她再也忍不住了，她打開屋門跑了進去，抱住養母哭了起來，她哭着對公安局的人說：「你們不要欺負我媽媽……」母女倆抱頭痛哭起來。

公安局的人一看這番情景，無言地離去了。

池田 13 歲的時候，公安局的人又到了池田家，這次公安局的人沒有讓池田出去，而是讓她母親出去了。公安局的人對她說：「小孩，和你說個事，你是日本人，你在中國生活，需要加入中國國籍，要不入中國籍，就要回日本。」

池田問：「那什麼時候入中國籍？」

公安局的人說：「到了 18 歲，你到公安局來辦中國籍的手續。」

公安局的人走了後，池田焦急地問養母：「媽，我是日本人嗎？」

養母眼睛裏含滿了淚水，她輕輕地點點頭說：「是，你是日本人。」

池田聽了養母的話後非常難過，她急切地對養母說：「你不是說，說我是日本人那是罵人話嗎？你怎麼也說我是日本人呢？你是不是糊塗了呀？」

養母擦着眼淚說：「明子啊，這是真的，你是日本人。」養母還詳細對她講述了收養她的過程，可是當時池田無論如何也難以接受這個事實，誰會相信如此慈愛的媽媽，竟然不是自己的親生母親呢？

池田緊緊地抱着母親，她不相信，也不想相信，因為這是她有生以來最溫暖的依託與關愛，她不相信世界上還會有比這樣的母親更親的人。

母女倆相依為命的日子

1953 年，做買賣的養父生意上虧了錢，還因生意上的事兩次被抓，家裏經常剩下母女兩人相依為命。

養父被抓，家裏失去了生活來源，連路都走不穩的小腳的養母只好撐起了生活的全部重擔。

她每天早出晚歸，凌晨三點就起牀去排隊進冰棍賣，還早早到市場進一些便宜雞蛋來賣，也賣水和油茶麵等，想盡一切辦法能讓正在長身體的池田吃得飽，吃得好。

當時豬肉限量供應，每個人每個月給半斤肉票，但是家裏經常沒米下

鍋，因此不敢吃肉，都把肉票換了糧食了。鄰居中有一位好心的老人，看到母女倆過年了也沒有肉吃，怪可憐的，就高價買了二斤肉給她們送來。

養母看着二斤豬肉，猶豫了半天對池田說：「明子，媽知道你過年想吃肉，可是我們把肉吃了，肉就沒有了，要是把肉換成糧食，就能吃好些日子呢！你看我們是吃了這二斤肉呢？還是換成糧食呢？」

池田懂事地說：「媽你看怎麼好就怎麼辦吧。」為了能生活得更長久些，最後養母還是把這塊豬肉換成了糧食。

過年了，院子裏的孩子們都換上了新衣服，紮上了五顏六色的頭綾子。池田很羨慕她們，但是家裏窮困，沒有錢給她買新衣服和頭綾子。養母看出了她的心思，對她說：「明子，媽沒錢給你買新衣服，買頭綾子。媽把媽年輕時候的衣服給你改好穿上過年吧。」

養母找出了她年輕時穿過的八成新的大絨衣服，把下擺和袖口捲上去縫好，給池田穿上了。池田穿上後非常高興，這衣服雖然不是全新的，但是經過心靈手巧的母親的「改造」，穿在身上又合體又漂亮，衣料也比其他孩子的衣料好。

過了年，養母再把這件衣服收起來，到來年過年時再給她穿上。這件衣服伴隨着她過了好幾個春節，是她困苦童年中的溫暖和慰藉。

不管是風雨交加還是嚴霜飛雪，養母的一雙小腳走過大街小巷，走過嚴冬酷暑，為母女倆的生活奔波，辛勞。她那在風中，雪中，雨中顫抖着叫賣的聲音，深深地留在了池田的記憶深處。養母總是盡最大的努力，讓女兒吃飽、吃好，而自己卻在零下20度以下的東北的嚴寒中，滿身凍傷，食不果腹。

養父做買賣借了很多錢，買賣做賠了，錢還不上，因此每到過年過節，逼債人接踵而至，厲聲逼債。養母被逼無奈，天一亮就急忙領着池田到親戚

朋友家躲債，有時就住在了親戚朋友家裏。養母臉上的暗雲一天比一天濃鬱，她似乎再也難以承受這遠遠超出她作為一個屠弱而善良的小腳女人所能承受的生活重擔。

有一天晚上，池田睡下了，半夜醒來，發現養母正坐在她的身旁充滿慈愛地看着她的臉，敏感的池田忽然覺得有些怕，她連忙問：「媽，你幹嘛這樣看我呀？」

養母淒楚地苦笑了一下，然後慢慢地說：「沒有什麼，明子，媽就是看你挺好看的，你睡吧，媽也睡。」

這種情形一直持續了好幾天。池田直覺養母這些日子非同尋常，因此也睡不實。有一天，她又醒了，向旁邊一摸，發現媽媽不見了，她急壞了，急忙下了炕到處尋找，找到了外屋地，她發現母親站在鍋台旁的兩個小凳子上，房樑上已拴好了一個繩子套。

池田馬上知道了要發生什麼事情，她嚇得抱住養母的腿大哭起來，邊哭邊說：「媽你要幹什麼呀？你要扔下我不管嗎？媽你不能這樣呀！」

養母也抱着池田痛哭起來，養母哭着對她說：「明子呀，媽實在是熬不下去了，每天這麼多討債的，讓媽沒臉見人呀！媽也實在是放心不下你呀，你從小就沒爸沒媽，送到這家又送到那家，多可憐呀！我要是走了，你上哪兒去呀？」

池田大哭着說：「媽你不能死呀！你不能扔下我不管！媽你不能這樣呀！」

母女倆抱頭痛哭了許久，最後她聽到養母說：「明子，媽不死，媽不離開你，媽一定把你養大，再難也要活下去，別哭了，好孩子……」

養母就這樣堅持着活了下來，為了女兒，她顫抖的小腳在冰天雪地中留下一串串艱辛而堅毅的足跡，她屠弱而淒涼的叫賣的聲音伴隨着落葉冷雨，

迴響在春秋冬夏。她如此的堅強，只因為她有一個值得她付出一切的可愛的女兒；她如此堅持，只是為了女兒不再哭泣……

她不僅要掙出母女倆的吃穿，還要為池田交學費，後來實在交不出來了，在池田的班主任任老師的幫助下，學校給池田減免了學費。

從小學教師到結婚

在池田10歲那年，養父被釋放回家，但是不久因為「黑包工」又被抓起來了，而池田和養母已經在艱苦的生活中磨練出來，池田也大了一點，可以幫助媽媽賣賣冰棍，看看雞蛋什麼的了。

不久養父又被放了出來，他經過多次挫折，知道在當時那個年代買賣不好做。那時工商業和手工業都在進行社會主義改造，做買賣掙錢被認為是「不走正道」，因此他只好放棄做買賣發家致富的念頭，又撿起了瓦工的老行當，做起瓦工來。

養父是個聰明人，幹什麼都是一把好手，因此請他做工的人很多，家裏的生活也好了起來。

養父還經常去飯店幹活，經常得到飯店裏的人送他的飯菜。在「三年自然災害」的時候，食品緊缺，有許多人家吃了上頓愁下頓，但是池田家裏不缺，她還經常把家裏的食品拿給那些餓得眼睛發綠的同學們。

池田漸漸長大，初中畢業後考入牡丹江師範學校學習。當時中國的師範院校學費和食宿都免費，還發給學生零用錢。畢業後，她成了一名她從小就十分嚮往的教師，分配到大海林林業局小學，後被送入師範短期大學集訓，由於「文化大革命」開始，短期大學停課，她又回到了大海林林業局小學教書。

她在那裏擔任一年級的教師，教算術和語文並擔任班主任。

大海林林業局位於長白山脈北部支脈張廣才嶺南麓，牡丹江支流海浪河中上游，黑龍江省牡丹江地區西南部，局址設在海林市長汀鎮。

大海林素有「中國雪鄉」之稱，那裏山清水秀，景色峻奇。其境內主峰老禿頂子位於黑龍江省海林市西北部，屬張廣才嶺山脈，雄踞群峰之冠，海拔 1687 米。峰頂樹木稀少，因而得名，為東北第二高峰，是黑龍江省「三巨擘」之一，與雄偉壯麗、海拔 1672 米的平頂山並稱二奇。兩山山頂終年積雪不化，偃松、岳樺鬱鬱蔥蔥，松濤轟鳴，達紫香 4 月下旬冰雪未消時頂雪怒放，姹紫嫣紅，更有太平溝原始林區、七峰、望雲峰、猴石山、母子峰、雲山洞等千姿百態，各領風騷。牡丹江最大的支流海浪河流經於此，清澈透明，碧波蕩漾，森林裏生長着人參、刺五加、高山紅景天、黃芪、黨參等百餘種珍貴的藥材；有蕨菜、薇菜、猴腿等 80 餘種山野菜；有猴頭、木耳、黃蘑等幾十種真菌；有榛子、稠李子、松子、核桃、山梨、櫻桃、枸杞子等多種野果，熊、豹、鹿、紫貂等 40 餘種珍奇的動物縱橫密林，有野雞、飛龍、金絲雕、秋沙鴨等近百種飛禽展翅鳴囀。

池田在這裏度過青春時代，1962 年，她在這裏認識了林業局的年輕拖拉機手李先生，經過 7 年的相愛，結為伉儷。

尋找日本親人的艱難路程

1972 年 9 月 25 日，日本首相田中角榮率領的龐大代表團訪華。

白雲朵朵像一群夢幻中的雪白的綿羊在飛機下面優遊地飄蕩，再有一個小時左右就要到北京機場了。田中角榮有些緊張，他拿出手絹不停地擦汗，歷史和現實在他的心中碰撞，中日間的種種糾葛和悲劇，感動與愧惡，回憶

與展望在他的胸中風起雲湧。

他也知道，日本戰敗後有許多孩子被拋棄在中國，中國人把他們撫養成人，他們最小的也該有二十七八歲了吧？儘管中國和日本還沒有恢復邦交，但是中國曾表示積極配合日本戰爭孤兒歸國。昭和 32 年（1957）8 月，有田八郎（留守家族團體全國協議會會長）在中國與周恩來總理以及中國紅十字會會長會談，中國方面表現出願意積極配合遺留在中國的日本人早期歸國的意向。

這次訪問中國，對田中角榮來說，是闊別了 31 年再赴中國，也是他出任首相後出訪的第一個國家。有許多大事要談，而且肯定要談起那場戰爭，也許會談起那些在中國養父母的關愛下長大成人的日本孤兒們。怎樣回答中國？怎樣回答那些明明知道是敵人的孩子，卻把他們當成親生兒女養育的中國的養父母們？

這個問題在田中角榮的心裏沒有答案。大事已經準備好了回答的底稿，可這戰爭造成的遺棄，戰爭造成的別離，戰爭造成的異國的不是骨肉勝似骨肉的深情，那敵人變成親人的淒楚的感動，該從何處說起？從何處着手理清？真是「剪不斷，理還亂」，別有一種滋味在心頭呀！

1972 年 9 月 25 日上午 11 時 30 分，白色的「道格拉斯」DC-8 型日航專機徐徐降落北京機場，田中角榮首相率領 230 人組成的龐大代表團從飛機上走下來。田中角榮看見了一位精神矍鑠的老人，頭上的白髮在風中微微抖動，微笑着向自己走來了。

「周恩來總理！」他一眼就認出來了。他向前奔上一步緊緊地握住了周恩來的雙手，有點緊張，他急促地對周恩來說：「我叫田中角榮，今年 54 歲，當了日本首相，請多關照。」

周恩來對田中一行的來訪表示熱烈的歡迎，隨後迎賓車隊駛進釣魚台國

賓館。田中首相被安排在了當時釣魚台國賓館裏條件最好的 18 號樓裏，周恩來總理還親自送田中首相到住處。

對於中國人，田中角榮有一種敬佩的感情。中國人寬厚的心胸，常使他深深地感動。

1973 年 10 月，田中角榮作為首相首次訪問蘇聯時，曾對蘇共中央總書記勃列日涅夫和總理柯西金說：「日本人對蘇聯在感情上難以原諒，這並不是因為昭和二十年（1945 年）蘇聯撕毀日蘇中立條約參戰。在日本無條件投降的時候，中國政府說：『把日本人送回到母親身邊去。』於是就把幾百萬日本人和在華日本人送回了日本，而蘇聯卻把幾十萬關東軍士兵帶到了西伯利亞。」

中國人感動了田中角榮，使他願為中日友好捨命。

對於蘇聯，在田中角榮那裏就完全沒有對中國那種親切感了，甚至他覺得蘇聯有「背信棄義」之嫌。

1940 年 7 月，日本大本營與政府聯席會議通過《時局處理要綱》，欲乘納粹德國迅雷不及掩耳，以「閃電戰」佔領大部分歐洲，英法敗退之際，武力南進。為避免北面蘇聯動手，南北兩線作戰，決定大幅度改善對蘇關係。蘇聯為加強西線戰備，緩和東線，也希望改善日蘇關係。

1940 年 12 月，日本駐蘇大使建川美次向蘇聯表明，日方有意與蘇聯簽訂日蘇互不侵犯條約，但是雙方沒有取得共識。

1941 年 1 月 21 日，日本外相松岡洋右在議會發表演說，談到日蘇之間存在誤會，需要消除，並主張不斷改善兩國關係。

1941 年 3 月，外務大臣松岡洋右為了慶祝德、意、日三國同盟一週年訪問德國和意大利，4 月歸國途經莫斯科，7 日與蘇聯外交部長莫洛托夫展開締約條約談判。松岡與莫洛托夫進行了兩天，然後宣佈去列寧格勒訪問。

松岡返回莫斯科後與莫洛托夫繼續舉行會談。4月12日，松岡和莫洛托夫共同拜會斯大林。13日雙方訂立《日蘇中立條約》，規定：相互保持友好關係，尊重領土完整，互不侵犯；締約一方若受到第三國攻擊時，另一方保持中立；條約有效期為5年等，如果滿期前1年沒有接到對方廢除條約的通告，條約自動延長5年等。

作為該條約附件，附加日蘇分別承認蒙古與偽「滿洲國」領土完整、不可侵犯的共同聲明。

《日蘇中立條約》的訂立，使日本加快了大舉南進的步伐，並使其最終發動了太平洋戰爭。但是在1945年8月9日0點10分，蘇聯紅軍從東、西、北三個方向，在4000多公里的戰線上，越過中蘇、中蒙邊境，迅雷不及掩耳向關東軍發起「閃電式」襲擊。仗打起來時，日軍司令官山田乙三正

1972年9月29日，周恩來總理和田中角榮首相簽署《中日共同聲明》後舉杯慶祝
照片提供：共同通信社

坐在大連的一家劇場包廂裏，津津有味地欣賞着從日本來的歌舞伎團的演出。聽到下級報告以後，他匆匆趕回關東軍司令部，直到清晨，關東軍綜合各方面的報告，才得出蘇軍已經開始全面進攻的結論，忙於早晨 6 時下達了全面作戰的命令。

蘇軍的突然參戰，使主要兵力已轉移到世界上其他戰場的日本關東軍一敗塗地。據說在蘇聯軍進攻之前，在偽滿洲居住的日本人約 150 萬人，他們之中有 18 萬人在逃難中死去，而僅在「滿蒙」、「滿蘇」邊界的 27 萬「滿蒙開拓團」中就有 7.8 萬人死亡。此後，57.5 萬日本官兵、官吏、技術人員被帶到蘇聯的西伯利亞，其中有 6 萬人在凍餓和繁重的體力勞動中死亡。

在大逃難中，許多帶着孩子的日本人死去或自身不得其顧，撇下了許多孩子，這些孩子中有許多人被中國人收養，他們就是所謂的「中國殘留孤兒」。

1972 年 9 月 29 日，周恩來與田中角榮首相簽署了《中華人民共和國和日本國政府聯合聲明》，標誌着中日邦交正常化開始，中日關係正常化，也給池田的生活帶來新的轉機。

她是戰爭孤兒，大家都知道。中日邦交正常化以後，公安局開始為在華日本人登記，林業局領導找她談話，問她是否有什麼要求？她說：因為父母年紀大了，希望調回牡丹江，也好有個照應。這樣，在 1973 年，池田被調到牡丹江市林業學校青梅分校做總務工作，丈夫李先生調到該校當電工。

1978 年，丈夫李先生由於精通電器，自己安裝了一台電視。小小的電視機，在池田眼前展開了一個新的世界。當時中國已進入改革開放時期，介紹日本的各種節目在電視上出現，也勾起了池田回日本尋找親人的念頭。她找到在她小時候兩次來到他家的公安局科長，求他為自己提供尋找親人的線索。科長對他說：你是日本孤兒沒有錯，並把他知道的情況都告訴了池田。

他還說：你養母沒有看見過你親生父母親，是經過一位叫姓王的婦女的介紹，你母親把你送給了姓王婦女的姓李的鄰居，把你轉送給現在的養父母的介紹人，也是那位姓王的女性。

池田找到了王，王帶她去找李，但是李已搬家了，不知道搬到哪裏去了。王又帶她去公安局，公安局的人說：你是戰爭孤兒，我們都掌握，雖然現在找不到李，但是你可以給日本駐中國大使館寫信，談你的情況，並告訴了池田日本駐中國大使館的地址。

1978 年 8 月《中日和平友好條約》簽訂後，中日兩國政府經過多次研究協商，決定從 1981 年開始，由兩國政府有關部門負責，分期分批地組織在華日本遺孤赴日尋親。而池田也開始積極為尋找自己的親人繼續努力，並委託先回到日本的戰爭孤兒，把自己的材料寄到了日本厚生省。

時間到了 1980 年的一天。池田的尋親之路有了意外的轉機，她意外地接到了牡丹江市公安局的電話，讓她下班後去見一個日本訪華團。

晚上，她趕到日本訪華團所住的賓館。不會日語的她是用手語和日本人交流，還把自己的情況用中文寫成信交給一名隨團的《朝日新聞》記者。

1980 年 7 月的一天，一位家住北海道札幌的 64 歲的老人，像往常一樣習慣地翻開訂閱的報紙，一段報道使他眼前一亮。那篇報道寫的是中國東北牡丹江市的日本戰爭孤兒徐明的事情，還有徐明的相片，這相貌多像自己在敗戰的混亂中失蹤的妻子！1945 年 8 月，他是一名駐紮在中國東北的下級軍官。1945 年 4 月，部隊從牡丹江調離，妻子馬上就要臨產，無法和他一起走，他臨走對妻子說：如果是女孩，就叫「明子」。5 月，妻子真的生個女孩，他也接到了妻子的信，但是軍命在身，無法回牡丹江看女兒。

1945 年 8 月，日本戰敗，蘇軍突破虎頭要塞，怒濤般的蘇軍機械化部隊席捲中國東北，關東軍全線崩潰，時為下級軍官的他被蘇聯紅軍俘虜，帶

往西伯利亞做苦工。

後來他回到日本，一直在想盡辦法尋找妻女，但是山高水遠，消息難通，35年的歲月過去，還是沒有妻女的任何消息。

而這篇新聞報道給他帶來了新的希望，他馬上託人問清楚了報上所登載的徐明在牡丹江的地址，並寫去一封信詢問。

池田接到來信後很高興，但是家裏沒有人會日語。他們有一個朋友，在牡丹江市紡織廠工作，過去曾和日本人一起工作過，日語讀寫都沒有問題。池田就求這位朋友幫她翻譯。

北海道的老人不久接到了回信，還有徐明全家的相片。徐明那時在牡丹江林業學校做總務，丈夫是電工，他們之間有3個孩子。徐明的血型和這位老人一樣，而且從徐明寄來的相片看，不僅徐明和自己的妻子長得很相像，就是徐明的大女兒，也似乎與他自己一模一樣。

老人按捺不住自己的激動，在後來的8個月中，他和徐明通了20多封信，他覺得徐明百分之百就是自己的女兒，正好她還叫「徐明」，這不就是因為她在送給中國人之前叫「明子」嗎？

他寫信要徐明馬上來北海道團聚。徐明當時十分激動，非常希望去日本尋根認親，但是她也放心不下都已年過七旬的養父母。她對養父母，特別是養母感情特別深。養母不僅是一位非常慈祥的母親，而且是一個十分善良的人。養母對她的感情也特別深，養父不在家時，一直是母女倆相依為命，養母特別疼愛她，不忍她離去。

而養父特別開明，贊成她回國認親，知道她從小沒記事就讓人家送來送去，也想自己的親爹、親媽。養母雖然對她依依不捨，但是也理解了她，同意她回國認親。

可是從那時中國人的生活水平看，要買一張飛機票談何容易？池田賣掉

了家裏的自行車、縫紉機等中國那個時代的「四大件」，好不容易湊足了旅費，得到了 3 個月的觀光簽證，於 1981 年 7 月帶着 3 個孩子一起來到日本。

「父女」相見，非常激動，抱頭痛哭。回到北海道後，老人去家庭法院要給池田與孩子們上戶口，但是家庭法院說證據不足，需要進行 DNA 鑑定。

三個月後，DNA 鑑定結果出來，證明池田並不是這位老人的女兒，這對老人和池田的打擊都相當大，池田當時就昏了過去。

當時老人再婚的妻子對池田很同情，她自己沒有孩子，也很喜歡池田的三個孩子，這位老婦人領着池田和孩子去入管局續簽證，但是入管局對她說：既然父女鑑定的結果已經出來了，你就應該馬上回中國去，拒絕給她續簽證。

如果等鑑證到期之前仍然沒有找到親人，她就要被強制送回中國，而在中國，她已經辭去了工作，回去如何生活？她徘徊在當地的豐平川岸，茫然若失。她看見市民在河岸熱熱鬧鬧地集會，原來那是在歡迎從海裏回到豐平川的鮭魚。觸景生情，池田悲從中來。當她還是一個無依無靠的日本嬰兒時，一個中國母親擁抱了她，這是她的生命第一次接受的沒有任何條件的受納，不需要證明，更不需要驗血，而且母親還知道他是自己的敵人的孩子，然而她如此慈愛地擁抱了她，血和淚，永遠地流在了一起⋯⋯

然後，當她回到了夜思夢想的祖國，卻沒有人歡迎她，沒有人收留她，她甚至不如一條鮭魚，在陌生的祖國，她無依無靠，無路可走，甚至想到自殺。

她把自己的事情寫下來，寄給了東京的義工組織，她的信打動那些助人為樂的人們。義工組織們讓池田母子四人來到東京，介紹他們住入了東京都戰爭歸來者的宿舍——「新幸寮」。《朝日新聞》還把池田的遭遇報道了出來，引起了反響。人們認為政府對戰爭孤兒負有責任，而政府卻沒有盡到自己的責任。「徐明事件」迅速成為了當時轟動日本的熱點新聞。1981 年 12 月 22 日，東京櫻花共同法律事務所的律師河合弘之在《朝日新聞》上看

到報道，知道她因血液鑑定而被否認親緣關係，無法獲得日本的在留資格，受到很大的衝擊，決心幫助她討回公道。當時，《朝日新聞》記者菅原幸助、志願者郡司彥、千野誠治等人及東京、神奈川的義工組成了「徐明支援會」，池田悲劇性身世引起廣泛的社會同情，好心的人們紛紛為池田捐款，很快就捐到了 300 萬日元。「徐明事件」也促使日本政府從 1981 年秋天開始投入國費進行戰爭孤兒調查活動。

東京櫻花共同法律事務所的律師幫助她用法律爭取自己的權利。她的代理律師是著名的大律師河合弘之先生。河合弘之 1944 年 4 月 18 日出生於中國長春，父親是偽滿州電力公司的幹部。1945 年 8 月日本敗戰，在戰後的混亂和食品的匱乏中，年僅一歲的弟弟因營養不良而死，父母帶着兩個姐姐和不到兩歲的河合弘之趕到葫蘆島。1946 年至 1948 年，中國國民政府動用在八年抗戰後滿目瘡痍的中國 2/3 的國力，將東北地區大部分日僑與侵華日軍俘虜集中在葫蘆島送回日本，用田中角榮的話說，就是「送他們回到母親身邊去」，送還日本人總人數超過 100 萬，河合弘之也於 1946 年登船回國。河合先生回顧說：「如果再晚幾天，我也可能死掉，或成為戰爭孤兒。」他與留在中國的戰爭孤兒們是同一世代，深深同情他們的命運，這成為河合律師關注和幫忙戰爭孤兒事業的一個內在原因。

在牡丹江公證處出具池田為「日本人血統的戰爭孤兒」的證明後，法院經過 5 個月的審理，在她還沒有找到親人的情況下，承認她是日本的戰爭孤兒，她在 1982 年 5 月 30 日正式得到了日本國籍，成為戰爭孤兒恢復國籍活動中第一個得到國籍的戰爭孤兒。

隨後，她給自己取了「今村明子」的日本名字，「今村」是一個曾經幫助過她的日本人的姓，而「明」則是為了紀念在中國的難忘歲月，記住中國母親給她起的名字和給予她的無私的愛。

雖然費盡辛苦取得了國籍，但在日本如何生存下去？仍是她所面臨的一個難題。她舉目無親，又不會日語，而三個年幼的孩子要撫養。她覺得要在日本生存下去首先要學習。她在訓練學校學習洋服剪裁和打字，但是學了一年半以後，仍然找不到工作，她歎息道：「這樣的年齡，又不會日語，誰會僱咱呢？」

在訓練學校連工作帶學習每月有 12 萬日元的工資，政府還能補助一些。當時他們一家五口住在兩間小屋裏，沒有空調，冬寒夏熱。

然而儘管生活困難，她仍然難以忘懷中國的母親。1986 年 6 − 9 月，她把養母接到日本，帶着養母在東京觀光，到上野去看櫻花，到隅田川去劃船，而窘迫的生活使她無法讓養母過上舒適的日子，使她覺得很內疚。

後來，她找到了幫她辦國籍的律師，好心的律師把她介紹到律師事務所試用。在這期間，她早來晚走，任勞任怨，積極學習日語和各種知識，每天把事務所打掃得窗明几淨，日語進步得也很快，感動了事務所的人。正好當時事務所積極幫助戰爭孤兒加入日本國籍，也需要懂中文又懂日文的人，最終在 1987 年僱用她為正式員工，法律事務所還把為其他日本遺孤辦國籍的業務交給了她辦理。

那以後，她為歸國尋找親人的戰爭孤兒積極工作，幫助他們尋找親人的線索，並擔任他們與日本人交流時的翻譯。

1994 年 12 月，在東京代代木的國立奧林匹克紀念青少年綜合中心，正在進行為期兩週的戰爭孤兒訪日尋親活動。

住在長野縣松本市的池田美代子和妹妹長南美佐子也來到會場。她們的妹妹在戰後送給了黑龍江省牡丹江市的中國人，聽說這次來日尋找親人的戰爭孤兒中有來自牡丹江的女性，因此她們也抱着一線希望來找妹妹，但是由於這位女性和妹妹的年齡不合，兩個人都很失望。中午，她們來到奧林匹克

青少年中心下面的吃茶店休息。

這天是星期日，池田澄江也來到會場，給一些歸國遺孤作入籍講演並當翻譯，中午也來到吃茶店休息。

姐妹倆在會場上看到了池田給孤兒們做翻譯，都向她打招呼：「您辛苦了。」她們對池田說。

當時池田手裏拿着剛剛買來的冰淇淋，見有人和自己說話，急忙應酬，池田美代子看她手裏拿着的冰淇淋都化了，提醒她說：「快吃吧，都化了。」並和她攀談起來。

「我的一個妹妹留在了牡丹江。」池田美代子說。

「我就是從牡丹江來的。」池田澄江說。

「你多大年紀？」池田美代子問。

「50 歲。」

說着說着，池田美代子發現池田澄江和自己的妹妹相似點越來越多。池田美代子讓她把當時她家的地圖畫出來，她就畫了牡丹江車站、難民收容所和當時的一些主要道路，當畫到最初收養她的李成義家時，老太太驚呆了，她激動地站起來說：「你就是我的妹妹，美佐子，這就是咱們的妹妹呀。」

見面後不久，池田澄江和池田美代子去做了 DNA 鑒定。1996 年 7 月，鑒定結果證明了她們就是親生姐妹。經過了 14 年的等待，池田澄江終於在 52 歲的時候找到了自己的家，在池田家的戶口本上，這個最小的妹妹的戶口還一直保留着，池田澄江的名字也是父母在 50 多年前早就取好的，只不過戶口上記載的是已經死亡。

池田美代子和長南美佐子 50 多年來一直在鍥而不捨地尋找着妹妹澄江。為了找到妹妹，她們去中國 20 多次，還在哈爾濱開了一家飯店，作為尋找妹妹和收集有關妹妹信息的據點。

1996 年 7 月 31 日，池田澄江和池田美代子在日本厚生省舉行了記者會，在記者會上，離別 51 年的姐妹倆潸然淚下。

池田澄江說：「今天我終於知道我是誰了，感謝姐姐為了找我歷盡千辛萬苦。」

池田美代子說：「讓我們珍惜今後的日子，找回失落的時間與親情。」

從那以後，池田的名字也從「今村明子」改回到「池田澄江」。池田澄江找到家時，母親剛剛去世半年，父親已於 1970 年去世，享年 63 歲。

為爭取戰爭孤兒正當權利的奮鬥

池田澄江終於找到了親人，同時由於她和家人的多年的努力，經濟狀況也大大改善，但是使她不能忘懷的，是那些和她一樣命運的戰爭孤兒，他們在中日邦交正常化之後陸續歸國，但是多數在陌生的祖國過着艱苦的生活，進入老境的孤兒們，對生活和未來充滿了不安。

據日本厚勞省截止到 2004 年 3 月 31 日的調查，中國歸國者（戰爭孤兒與戰爭遺留婦人）幾乎都已進入老年。和日本人相比，可以說他們的老境越來越暗淡，越來越痛苦。

當時，歸國戰爭孤兒平均年齡為 61.5 歲，戰爭遺留婦人 70 歲，全體平均 66.2 歲。在日常生活中，大多數人還存在着嚴重的語言障礙 —— 只能說「隻言片語」和完全不會說日語的人，在戰爭孤兒中佔 47.0%，在戰爭遺留婦人中佔 22.1%。

歸國者中，當時本人還在工作就業的人很少，僅為 13%。從就業者的收入看，夫婦一方就業的，平均收入僅為 130 084 日元，兩方就業的約為 288 000 日元。由於遺孤歸國時年齡都已偏大，即使順利就職，繳納年金

（養老金）的年數也很有限，因此退休後的年金收入很少。有年金收入的戰爭孤兒為 35.8%，戰爭遺留婦人等為 66.2%，全體為 52.4%，其中每年不滿 36 萬日元的為 25.1%。領取生活保護金（低保）的遺孤為 61.4%，戰爭遺留婦人為 55.2%，全體為 58%。

　　關於歸國後的生活狀況，有 64.6% 的戰爭孤兒回答「苦」或「有些苦」；有 53.5% 的戰爭遺留婦人回答「苦」或「有些苦」，平均為 58.6%。同他們歸國前的生活比較來看，有 35.8% 的人回答「比歸國前好」或「好了一點兒」；有 28% 的人回答「不如歸國前」或「比歸國前差一些」。在回答「是否認為選擇歸國是正確的？」這個問題時，有 64.5% 的人回答「正確」或「還算正確」，而在談到這樣選擇的理由時，最多的回答是「因為能在祖國生活」；而回答「後悔了」和「有點兒後悔」的人，戰爭孤兒為 16.1%，戰爭遺留婦人為 7.7%，而後悔的最大理由是「對老後生活感到不安」。

東京代代木的國立奧林匹克紀念青少年綜合中心

另外有報告顯示：中國歸國者健康狀況不佳，有 27.1% 的家庭有人住院，完全失業率比原住日本人高出一倍多。

　　由於他們主要靠領取生活保護金過活，因此受到其他日本人白眼。一位戰爭孤兒說，她去超市買菜時，鄰居的一名日本婦女總來檢查她買的是什麼，如果發現她買得多一點、好一點，就會教訓她：不要這樣奢侈，你拿的是我們繳納的稅金呀！九州律師人權擁護委員會的一份報告書顯示：覺得因領取生活保護金而受到白眼和歧視的戰爭孤兒等，高達 31.4%。

　　談到他們的生活，戰爭孤兒們無不悲從中來。首先，他們在經濟生活上十分拮据。住在東京都葛飾區的一位遺孤說：他回到日本後工作了 19 年，現在每月能拿到退休金約 14 萬日元，和妻子兩人生活十分困難，去掉房費和水電費等所剩無幾，不敢有任何娛樂和奢侈。

　　同樣住在葛飾區另一位遺孤說：我回到日本後拚命工作了 9 年，現在得到退休金僅 34 500 日元，本來我是不想拿政府生活保護金的，可是這麼點錢根本無法生活。拿了生活保護金，人就變得和犯人一樣，哪裏也去不了，甚至從親戚和孩子那裏借點錢也算「收入」，要從生活保護金裏扣除同樣金額。

　　一名孤兒還對筆者說：有的遺孤家屬被生活所迫已經自殺。她有一個鄰居，是遺孤的丈夫，有病在身，由於在日本語言不通，無法和醫生溝通，病也治不好。他想回中國治病，但沒有錢。一天早晨，他把僅有的 1 萬多日元留給老伴，獨自一個人來到附近的一個大橋洞下，一個人哭了好久，淚水在衣服上結了一層冰，然後就自殺了。

　　最使遺孤們痛苦的是，中國養父母把他們撫養成人，對他們恩重如山，如今大部分養父母都已離開了人世，而歸國遺孤只有待在日本期間才能領取生活保護金，如回中國給養父母掃墓上墳，生活保護金就會被扣除。一位遺

孤說：我兩歲時被送到吉林市的養父母家，他們對我非常好，把我養大成人，如今他們不在了，我作為女兒不能給他們掃墓上墳，心裏真難過。說到這裏，她流出了眼淚。

住在東京江戶川區的遺孤對筆者說：戰後，我被轉送了三戶人家，最後留在現在的養父母家，他們把我當親女兒，非常疼我。我小時候出去玩，有些孩子罵我小日本，還打我。養父為了保護我，不讓別人知道我的身世，辭去了城裏工作，到吉林蛟河縣新農鄉當農民，但是紙包不住火，後來我的身世還是讓人知道了，他們罵我、打我，養父為了保護我，到處去和人家打架，說我是他的親生女兒，不許別人欺負我。

「文化大革命」時，因為養父收養我，人們鬥他、打他，質問他為什麼收養日本人、為什麼和日本人在一起？他連捱鬥帶捱打就病倒了，不久就去世了。他是為我才死的呀！可我現在卻不能為他老人家掃掃墓。

在給其他歸國遺孤辦理國籍的過程中，池田澄江接觸到了1300多名遺孤的材料，這一數字接近回到日本的遺孤的一半，而遺孤們的悲慘命運讓池田澄江心情難以平靜，池田澄江常常一邊看着戰爭孤兒們的材料，一邊回想起自己在日本的艱難經歷，常常會忍不住潸然淚下。她覺得，是那場日本發動的侵華戰爭讓這些孤兒受到了傷害，日本政府應負起責任來，她想盡辦法幫助大家度過生活的難關，並不斷要求日本政府改善戰爭孤兒們的生活。

她還組織戰爭孤兒們搞起了簽名運動，不管是嚴寒酷暑還是風霜雪雨，一群年過半百的戰爭孤兒們在東京的街頭，呼籲大家簽名關注在日本社會幾乎被遺忘戰爭孤兒的生活。最後，他們徵集到了13萬個簽名，先後交給厚生省和日本國會，但最後都沒有回音。2001年8月，池田澄江和其他16個戰爭孤兒決定把日本政府告上法庭，他們開始組織原告團，並且組織了歸國遺孤東京聯絡會，戰爭孤兒們決心拿起法律武器向日本政府討個公道。

池田澄江站在了這次鬥爭的前列，她擔任關東地區戰爭孤兒原告團代表和全國原告團代表，積極組織戰爭孤兒的法庭鬥爭。

2002 年 12 月 20 日，關東地區戰爭孤兒原告團首次向東京地裁提出起訴，控告日本政府在戰後對孤兒棄置不顧，在孤兒們歸國後沒有盡到積極援助的責任，致使一代戰爭孤兒老後生活慘淡。孤兒原告團要求政府為解決孤兒問題立法，並要求政府對他們每人支付 3300 萬日元的損害賠償。到了 2005 年，日本全國戰爭遺孤在東京、廣島、德島、高知、福岡、鹿兒島、札幌、仙台、山形、長野、名古屋、京都、大阪、神戶、岡山等 15 個地方法院分別起訴日本政府，遺孤原告達 2213 名，佔歸國遺孤總人數的 90% 以上。

2005 年 7 月 6 日，大阪地裁在全國首次駁回了戰爭孤兒控告政府提訴案，引起了日本社會的廣泛關注。遺孤們背負戰爭強加給他們的苦難，但是法庭不為他們主持公道，使他們迎來一個嚴酷的打擊。法律界、人權組織和一些媒體紛紛發出聲音，呼籲政府拿出更加積極的態度，解決進入老年，刻不容緩的遺孤問題。當時的官房長官細田博之也表態，今後將努力完善支援政策，努力為戰爭遺孤提供安心的生活。

而在 2006 年 12 月 1 日，日本神戶地方法院就 65 名殘留中國的日本戰爭遺孤控告日本政府要求賠償一案作出判決。法庭支持其中 61 人的訴訟請求，責令政府向每名原告支付 660 萬－2300 萬日元不等，共計 4.686 億日元的國家賠償。

這次判決是 2002 年 12 月 20 日關東地區戰爭孤兒原告團向東京地裁提訴以來的首次勝訴。這次勝訴不僅對正在日本各地展開的戰爭孤兒訴訟產生了深刻的影響，而且也以判決的形式重申了日本政府必須面對戰爭遺留責任。

在神戶判決中，法庭審判長橋詰均指出，遺孤問題從產生到現在，遺孤們所遭遇的困境，都是由於日本政府一貫的違法行為造成的。

首先，日本政府在中國建立傀儡國家「滿洲國」後，從 1932 年開始向「滿洲國」大量移民，使他們居住在與蘇聯相鄰的北部與東北部。唯一可以保護這些「開拓民」的關東軍，隨着戰局惡化，大部分轉移到其他地方，喪失了迎擊蘇聯軍隊進攻的戰力。1945 年春，蘇聯軍隊決定進攻「滿洲國」之後政府還裝聾作啞，不向開拓民傳達任何有關蘇聯軍隊和關東軍的動向，使開拓民無法採取避難措施。更有甚者，關東軍為了補充人員，實行了所謂「絕根動員」，把開拓民中的青壯年全部徵兵，只留下婦孺老幼，使他們從 1945 年 8 月 9 日開始，遭受蘇聯軍隊突然襲擊，在飢寒交迫中生離死別。那些帶有乳幼兒和兒童的人們，為了使孩子存活下去，唯一的辦法就是送給中國人養育，以後這些遺孤一直留在中國。

1972 年 9 月，日中邦交正常化以後，儘管政府可以採取措施讓遺孤歸國，但是政府拒不承認戰爭遺孤是日本人，在政策上把他們作為外國人對待，沒有親屬做身份保證人就不允許他們回到日本。1986 年以後，對於明確身份的孤兒，雖然不再需要身份保證人，但仍需日方的特別接收人提出理由書，這種做法使一部分原告的歸國被長期擱淺。政府的政策和行為妨礙了孤兒歸國，是在繼續戰爭時期的違法行為。

另外，對於回國孤兒，政府也不想承擔救助他們的責任；對於過了重新適應完全陌生的社會環境時期的孤兒，政府沒有履行支援他們自立生活的法律上的義務，這是限制孤兒歸國的違法行為的繼續和疊加。

橋詰均審判長還將回國遺孤政策與被朝鮮綁架人質的歸國政策相對比，指出政府遺孤政策的荒謬性。他說：被朝鮮綁架的人歸國以後，政府給予五年以上、遠遠高於生活保護金的高額生活費，並在就勞上做周到細緻的安

排，而給予遺孤的生活保護金，則以歸國後一年為期限，在語言和職業訓練非常不充分的情況下就強迫他們就勞。

依據上述理由，法庭作出如下判決：對原告中的 15 人，國家須賠償被延遲歸國期間每個月 10 萬日元的賠償金；對 61 名原告，國家負有怠慢支援義務的法律責任，須賠償每人 600 萬日元的賠償金。另外有 5 名原告，從歸國後 5 年算起，到現在已經超過了 20 年，超過時效，因此駁回提訴。

雖然神戶法庭鬥爭勝利，但是其餘 7 個地方法院均判處原告敗訴。同時此時原告團和日本政府仍在 10 個地方法院和 6 個高等法院打官司。

儘管是敗訴連連，但遺孤原告的鬥爭得到了日本社會及媒體的廣泛聲援和支持。日本主流媒體全面支持孤兒們的維權活動，對他們的活動幾乎都做了積極、正面的報道，2006 年 12 月 1 日，也就是戰爭孤兒在神戶地方法院勝訴以後，《朝日新聞》、《每日新聞》為首的至少有十幾家報社發表社論，呼籲政府正視孤兒問題，着手解決孤兒問題。

在社會輿論的壓力下，2005 年夏天，執政的自民黨和公明黨成立了解決孤兒問題的專門小組。2006 年 12 月 12 日，這個小組在集會時一致通過創立新的孤兒支付金的議題，要求安倍首相率先做出政治決斷。如果政府對此遲遲不拿出行動來，他們將考慮以議員立法的形式來建立這一制度。

2005 年 7 月，日本國會議員成立了超黨派的「支援中國殘留日本孤兒議員會」。他們在集會時達成共識：根本性解決遺孤問題的途徑不是司法而是政治。當遺孤們 2007 年 2 月 2 日舉行抗議不當判決結果大遊行時，幾十名國會議員聚集在參、眾兩院門前，熱烈歡迎遺孤隊伍到來，對他們表示道義支持。

2007 年 1 月 31 日下午 4 時左右，當時的安倍首相在首相官邸與池田澄江等 7 名孤兒代表進行了懇談，並向當時的厚生勞動大臣柳澤伯夫和自民黨

政調會長中川昭一下達指示，要求考慮到遺孤中高齡老人生活困窘的問題，研討建立新的生活援助制度。安倍首相表示：「考慮到大家的辛苦與目前困難的生活狀況，在法律問題和法院判決以外，應考慮新的對策。」

7 月 10 日，安倍首相再次接見了 83 名遺孤代表，分四批同遺孤代表合影。他希望本次體現祖國溫暖的支援政策早日實現，並祝四遺孤們作為中日友好的象徵，健康地活在日本。

遺孤們的鬥爭，終於從法庭鬥爭轉向了政治解決的道路。

2007 年 7 月 10 日，戰爭孤兒原告團在東京宣佈：決定接受執政黨工作小組的支援方案，與政府實現和解，同時撤銷在日本各地法院提起的訴訟。他們高度評價本次執政黨提出的年金支援方案，認為方案「實現了中國戰爭孤兒政策的歷史性轉換」，使他們能夠「作為日本人過上有尊嚴的生活」。

2007 年 9 月福田內閣成立以後，首相福田康夫 2007 年 12 月 5 日在東京會見了中國殘留日本戰爭孤兒訴訟案原告代表，並向他們表示道歉。這是日本首相第一次向歸國的中國戰爭孤兒道歉。與此同時，鑒於《改正日本殘留邦人支援法》於 2007 年 11 月 28 日在參議院正式會議中獲得通過，全國各地的戰爭遺留婦人和孤兒決定結束尋求國家賠償的訴訟，而首相會見更讓他們聽到了「等待幾十年的國家對棄兒的道歉」。

福田康夫首相在會見時說，日本政府關注從中國歸來的戰爭孤兒問題太晚了，他對此深感歉意。福田表示，戰爭孤兒飽受了令人難以想像的艱辛。

擔任東京原告團代表的池田澄江當時對筆者說：5 日上午 10 點，首相會見了我們，有 15 名戰爭孤兒代表和 3 名律師參加了會見。會見時間大約 20 分鐘左右，然後首相和我們一起合影。這次國會按照我們的要求，通過了改正法，孤兒原告的要求得以全面實現，非常令人高興。

她說，福田首相低姿態地接見了我們，並向我們道歉。他表示，長時間

2007 年 2 月 2 日，日本部分國會議員聚集在議會門前聲援孤兒們的抗議活動

以來沒有注意到我們的痛苦生活，非常對不起。這時，我們才覺得真正可以作為一個日本人生活了。同時，中國也是我們的故鄉，我們要為中日友好發揮作用。

國會通過的《改正日本殘留邦人支援法》，從兩個方面根本扭轉了戰爭孤兒和戰爭遺留婦人的生活狀況。一個是經濟狀況，另一個是人的自由和尊嚴。

《改正日本殘留邦人支援法》規定，全額支付基礎國民養老金 66000 日元；發放特別補助金，最高可達每月 8 萬日元（東京都地區）；在發放生活

救助金的同時，政府負擔部分醫療費、護理費和房租（上限不超過 23 萬），因此，一名戰爭孤兒最低可以領到 14.6 萬日元（東京都地區）的生活費（不含其他補助金），如有配偶者，可再加 4 萬日元。曾經就職就業、現在領有養老金的孤兒等，在領取政府援助金的同時，還可以得到養老金的 30%（上限不超過 28 萬）。

「支援法」還基本取消了限制和監視。孤兒們可以自由打工（每月上限如超過 28 萬，支援金停發）、可以有存款、出國期間支援金照樣支付（在 1－2 個月之內，有正當理由可以延期）、可以持有 500 萬日元以內的不動產、可持有金額較少、還款期間較短的分期付款的住宅等。不過，對遺留日本人的支援基本上還沿用一些生活保護法的管理方法，很多遺孤留戀中國，希望回中國定居，但如果不在日本定居可能被停發生活支援金。

遺孤問題得到圓滿的政治解決，與各界友人，特別是日本律師的支持是分不開的。無償支援遺孤們爭取人權的律師團，僅東京原告辯護團就有 200 多人，在全國達 700 多人。在開始訴訟時，他們不僅沒有從遺孤那裏收費，更自掏腰包支付其他費用。有的律師為支援遺孤們打官司，無暇顧及自己事務所的工作，客人銳減；有的律師為了幫遺孤們打官司，甚至賣掉了自己的房子。各地的訴訟團進行集體提訴後，所需費用相當龐大，為遺孤進行義務辯護的律師團東借西湊，才能勉強維持開支。據說，僅東京辯護團就已向麻風病和艾滋病等國家賠償勝訴團體借了 1 億日元的債務。

池田澄江說：知恩必報。正像我們要報答把孤兒養育成人的中國養父母一樣，我們也要感謝和報答那些給了我們巨大幫助的人們。筆者曾問道：有些遺留日本人沒有加入原告團，他們可能不會同意從自己的收益中拿出一些錢付律師費吧？池田澄江回答說，這次訴訟費由國家全額負擔，至於幫助我們打官司的律師費用，國家不能負擔，我們要大家在一起商量，解決這個問

題。如果沒有訴訟，那些沒有參加原告的人也不可能得到這些錢，因此無論從人格來說還是從道理來講，他們都應該付的。即使少數人不付，我相信支付律師費的人還是佔多數。

報恩與回饋

2009 年 11 月，池田澄江從供職多年的律師事務所退休，並且擔任非營利組織「中國歸國者‧日中友好會」的理事長，這一組織旨在為返回日本的遺孤們營造一種大家庭的氣氛，並為促進中日友誼而開展活動。

在她退休前的 2008 年 5 月，中國四川發生了大地震。在日的中國戰爭孤兒們感同身受，他們為災區人民遭受巨大的損失感到悲痛，同時廣泛開展捐款義援活動。當時池田澄江對筆者說：日本是我們的祖國，中國是我們的故鄉，中國受災，就和我們受災一樣。全國的戰爭孤兒已經行動起來，僅僅兩天時間，關西大阪地區的歸國殘孤已有 114 人捐款，總額超過 100 萬日元，現在我們已經把捐到的 500 萬日元交給了中國大使館，我們的目標是捐款 1000 萬日元，這個目標不久就會達到。

池田澄江說：「沒有中國人就沒有我們孤兒，如果沒有中國養父母的養育，我們這些孤兒現在已經不存在了。中國人受災，就是我們的親人受災，我們盡自己所能進行支援是義不容辭的。」

池田澄江積極組織日本各地的遺孤們捐款，遺孤們在自己生活也十分艱難的情況下共籌集到 1730 萬日元捐給了災區。

2008 年 6 月 11 日，中國戰爭孤兒代表來到中國駐日大使館進行第二次捐款，把 400 萬日元親手交給中國駐日大使崔天凱，那時中國戰爭孤兒已經基本完成了他們為四川災區捐款 1000 萬的目標。

作為戰爭孤兒代表的池田澄江對崔天凱大使說：我們知道四川發生大地震以後，立刻在戰爭孤兒中舉行了捐款活動，我們的目標是捐款 1000 萬，第一次送來 500 萬，這次送來 400 萬，現在又捐到了 65 萬。我們希望在地震災區建立兩所小學，由我們這些老孤兒，去照顧那些在地震中失去親人的小孤兒。對於他們的學習用品我們要負責到底。我們雖然老了，但是還有第二代、第三代，我們一定要把日中友好的事業進行到底。

雖然我們戰爭孤兒不富裕，但是中國發生了震災，我們非常心痛。我們戰爭孤兒在平時生活都非常節儉，就是 100 多日元的車費有時也不捨得花，自己徒步走三四十分鐘，但是大家為中國災區捐款，都非常踴躍，都一萬一萬地往出拿，大家都對中國有非常深厚的感情。

崔天凱大使說：雖然中日間有一段不幸的歷史，但是你們這些人卻成了中日友好的一段佳話。雖然你們回來之後有許多困難要克服，但是還是為中日友好做出了自己最大的努力，這是大家都知道的。我也知道你們曾經來到大使館，那時候來大使館捐款的人特別多，有財界的人士，有政治家，都必須要見，因此沒能見到你們，幸虧今天你們給了我一個補救的機會。

池田澄江說：不要客氣，我們都是自家人。

崔天凱大使笑着說：自家人就更應該見面了。

2008 年 5 月 8 日，在東京新大穀酒店舉行的日中友好七團體和華人四團體主辦的歡迎中華人民共和國主席胡錦濤的歡迎會上，一位上台向胡錦濤主席獻花的女士十分引人注目，她就是中國戰爭孤兒代表池田澄江。

池田澄江當時對筆者說：「作為中國戰爭孤兒，我們一直想向訪日的中國領導人表達自己的感謝之情，因為沒有中國人就沒有我們孤兒，如果沒有中國養父母的養育，我們這些孤兒現在已經不存在。去年溫家寶總理訪日前，我們也派代表去中國駐日大使館，希望通過他們給我們一次向中國領導

人表達我們心情的機會，但是由於中國國家領導人訪日，日程都是日方擬定，大使館雖然盡了力，溫家寶總理也在國會演講時提到了我們孤兒，但是最後沒有實現。

2008 年 1 月 26 日，為了感謝眾議院議員野田毅先生對孤兒爭取自己權利的支持和幫助，我去熊本參加野田毅先生的感謝會。當時野田先生說，胡錦濤主席今年要訪問日本，我就向野田先生提出，請他幫助我們，給我們一個向中國恩人表示感謝的機會。由於野田先生的努力，在 8 號的歡迎會上就給我們孤兒安排了一個獻花的機會。

看到胡主席走進來，我的心裏特別激動，真有一種看到了自己的親人的感覺。福田首相和以前的安倍首相也接見過我們，我們也覺得很親切，但是就我的感覺來說，那是領導，我們是拜託領導為我們辦事，而看到胡主席，

池田澄江與當時的崔天凱大使

我有一種見到了親人的感覺。我雖然特別激動，但是知道在這樣的場合不能哭出來，因此我拚命抑制着自己的感情。

在向胡主席獻花時，我對胡主席說：感謝中國，感謝中國養父母的救命之恩。胡主席也和我親切地交談，但是由於過於激動，我無法清楚地聽見他在說什麼了。」

池田澄江女士說：對於我們孤兒來說，日本是我們的祖國，中國是我們的故鄉，是我們永遠不能忘的。

2009 年 11 日下午 15 時 40 分，當時的中國國務院總理溫家寶在中南海紫光閣西花廳會見日本遺孤感恩訪華團。代表團團長池田澄江緊緊握住溫家寶的手，熱淚從臉頰滾落，激動難以言表。

溫總理對池田澄江等說：「日本是你們的祖國，你們身上流着日本的血脈；中國是你們的家鄉，這裏有養育你們的父母。父母之恩比天高，比海深。你們沒有忘記父母，沒忘記家鄉。今天你們回來尋親，把感恩之心帶回來了，雖然有的父母已經不在了，但他們在九泉之下也會感知，也會很高興。」

池田澄江在會見後激動地對筆者說：「溫總理是在中南海西花廳原周總理辦公室特意接見了我們。在這間辦公室只接見過四批客人，第一批是四川地震孤兒、第二批是愛滋病孤兒、第三批是西藏的孩子們、第四批就是我們。為了保持周總理辦公室的原樣，現在溫總理也不在那裏辦公。那裏面有周總理使用過的三台電話和周總理使用過的乒乓球台。知道我們來了，溫總理特意站到門口來接我們，他向我們招手說：你們回家來了，我來接你們了。一句話說得我們個個熱淚盈眶。他還特意領我們參觀周總理使用過的乒乓球台，又領我們走小道來到周總理的辦公室。本來說是在人民大會堂接見，到下午兩點，我們接到電話，說是在西花廳。溫總理說：在和你們見面之前，我看了中央電視台製作的你們來華尋親的錄像帶，我一邊看一邊落

淚，當時就決定要把這些戰爭遺棄的孩子們，其實現在都是老年人，既然是回家探親，就請到中南海來吧。

在會談時我們發現，溫總理把我們的事情都記得很清楚，他說：戰後留在中國的戰爭孤兒一共 2808 人，回到日本的有 2515 人（當時的數字）。你們孤兒在日本生活得很困難，但就是這樣，你們還為四川地震積極捐款，建立了一所希望小學。你們說中國的救命之恩比天高，比海深，不忘恩是做人的根本，你們也都是不忘恩的人。

在出去的時候，工作人員對溫總理說：外面很冷，您穿上大衣。而溫總理則回過頭來對我說：池田，你要穿上大衣，外面挺冷的，別感冒了。

我們孤兒中有人說：總理，我們可以握握手嗎？溫總理說：可以呀。然後招呼大家：誰還沒握手呀？過來握握手吧。有的人着急來握手，差一點摔倒，溫總理連忙過來攙扶。在我們走的時候，外面飄着小雪，穿得很單薄的溫總理來送我們，告訴我們『要常回家看看』。

在談到這次溫總理會見戰爭孤兒的起因時池田還說：2005 年，黑龍江電視台法制頻道報道一名 80 多歲的孤兒養母將要去世。她想見離別她回到祖國日本 11 年的日本養子最後一面，當時有人跟我聯繫，我找到這位孤兒並陪同他一起到中國看望了他的養母。

當時有的報紙撰文說：日本孤兒走了就不回來了，忘恩負義。當時我們正在和日本政府打官司，那時我想我們一定會贏。我就對我們的辯護團長小野寺說：要是贏了，我們一定帶着大隊去看望養父母，不讓人家說我們是忘恩負義。

在中國，爭取讓領導出面接見我們，一方面向養父母謝恩，一方面向領導彙報，我們不是忘恩，而是在日本生活很困難，回中國探親受到種種限制。如果主席、總理出面來見我們最好。2008 我們落實政策以後，本應在那一年去，但是由於參加我們團隊的議員們工作很忙，就一直拖到今年。今

年在去之前我們向大使館政治部的官員提出了見國家領導人的請求。

這次代表團是由 45 名來自日本各地的戰爭遺孤及十餘位一貫支持他們說的日本議員、律師組成的感恩團。池田說：他們見了五位養父母；一位養姐，一位養哥。實現了孤兒長期的夙願。

2010 年，5 月 18 日，由孤兒們籌資 1460 萬日元修建的四川省眉山市仁壽縣始建鎮中日友好太山村小學在仁壽縣始建鎮落成。

中日友好太山村小學校能供 1—6 年級共 200 名學生使用，還配備了學生實驗室、微機室和生活用房。「中國歸國者‧日中友好之會」理事長池田澄江一行共 88 人參加了儀式，並現場為該校捐獻了 7 台電腦和 130 個書包等學習用品。2014 年 5 月 29 日到 6 月 3 日，池田澄江再次率領中國歸國者代表團訪問了中國。30 日，他們來到了四川省眉山市仁壽縣始建鎮中日友好太山村小學，在這所學校舉行了「慶祝國際六一兒童節暨中國歸國者‧日中友好之會捐贈儀式」。共有 44 位中國歸國者同孩子們共度六一兒童節。

在得知他們到來的消息後，仁壽縣始建鎮太山村一下子熱鬧起來，村上的老百姓吃過午飯後三五成群地聚集在中日友好太山村小學的校門口，他們要和小學裏的師生們一同夾道歡迎遠道而來的日本友人。

在小學裏，進行了新的捐贈儀式，孤兒們把省吃儉用捐贈的 200 萬日元的、120 個書包和一些玩具交給孩子們，向學校裏的 11 位教職員捐贈了圓珠筆和筆記本，還向小學附屬幼兒園捐贈了 100 個毛絨娃娃。

捐贈結束後，孩子們和孤兒們同台演出。孩子們歡快的歌舞使孤兒們又感動有高興，而孤兒們的合唱《說句心裏話》唱出了他們的心聲：「說句心裏話，我有兩個家，一個家在東瀛，一個家在中華……雖然回到祖國，來來來，更想中國的家，沒有中國的養父母，誰來把我收養，誰把我養大……」（景志仁作詞）

孤兒們還演出了舞劇《中國媽媽》，12 位老人全身心投入的表演，深深感動了在場的村民和孩子，他們忘記了 30℃ 的高溫，全神貫注地觀看着感人的劇目，他們說：孤兒們沒有忘養父母，也沒有忘記撫育他們的中國。

小學生們還把自己充滿感情的幾十幅繪畫送給了遠道而來的日本爺爺奶奶們，以表達對他們的感激之情。

2010 年 5 月 30 日 19 點，在東京新大穀酒店，中國政府為對中日友好做出貢獻的日本民間團體和民間人士舉行了表彰儀式，表現了中國政府在新的歷史階段更加重視中日交流的深度和廣度、重視民間和草根交流的姿態。

這次獲獎的團體有：日中友好協會、日本國際貿易促進協會、日中文化交流協會、日中友好議員聯盟、日中經濟協會、日中協會、日中友好會館、中國歸國者‧日中友好之會、松山芭蕾舞團、日本花甲志願者協會。獲獎的個人有：已故著名畫家平山郁夫的夫人平山美知子、物理學家有馬朗人、茶道家千玄室、東京都日中友好協會副理事長阪田和子、出版家上野茂子。

那天剛剛到訪日本的溫家寶同獲獎團體的代表和個人一一握手，並頒發了獎牌。頒獎後，溫家寶總理飽含深情地脫稿致辭。他說：今天的頒獎儀式非同尋常，一下飛機我就和各位友人會見，心裏確實按捺不住激動。中日邦交正常化，走過了一條艱難曲折的道路，在這個過程中，起到重要作用的，是朝野的力量，你們才是中日關係發展的功臣。歷史將記住你們，兩國人民將記住你們，我代表中國政府和中國人民，對你們表示崇高的敬意和謝意。

中日友好七團體，一直是中日友好合作的主力軍。幾十年來，你們為兩國友誼的重建，到處奔走，用了幾十年的心血，你們的血汗沒有白流，換來了中日間長久的友誼，中日邦交正常化以後，你們又發揮獨特優勢，繼續為中日友好貢獻力量，我應該感謝你們。

望着手捧獎牌的松山芭蕾舞團總代表清水哲太郎和森下洋子夫婦，溫總

理說：「松山芭蕾舞團聞名中國。你們是連接中日文化的紐帶，是民間友誼的先驅，我也要感謝你們，歡迎你們再次到中國演出，這是中國人民的心願。」

「日本花甲志願者協會在中國也很聞名。你們都是年近花甲，或年過古稀的老人，你們為中日友好合作貢獻了力量，增添了新的篇章，我也要感謝你們。」

這次受表彰的團體，還有中國歸國者·日中友好之會。溫家寶說：「去年我有幸在北京會見中國歸國者·日中友好之會的代表，你們在中南海紫光閣給我唱了一首歌：『我有兩個家，一個在東瀛，一個在中華。』當時，我們都熱淚盈眶，你們確實把中國也當作自己的家。我也感謝你們。」

中國歸國者·日中友好之會代表池田澄江女士激動地接過獎牌，和溫家寶總理熱烈握手。表彰結束後，池田澄江女士對筆者說：我今天又能在我的祖國見到總理，心裏非常高興，不管是日本還是中國，我們都是一家人，我們能夠得到總理的厚愛，心裏非常感謝，也非常感謝養育我們的祖國，今天激動得簡直不知道說什麼好。

池田澄江常說：在中國的時候，沒有中國養父母的養育和中國政府與人民的支持，我們孤兒們活不到今天，因此我們要報恩，回到日本後，我們在爭取自己的合理權利的過程中，同樣得到了日本的律師、義工、政府及廣大民眾的支持，我們也要報恩。

2011 年 3 月 11 日，日本發生東日本大地震，並引起了海嘯和核泄露，那有着美麗如畫的陸中海岸國立公園的東北，遭到毀滅性的打擊，那勤勞而善良的沿岸的人民，瑟縮在惡耗與悲劇中，令人目不忍視，耳不忍聞。池田澄江等戰爭孤兒們感同身受，每天都在祈禱，讓那些善良的靈魂安息，讓那些在寒冷中瑟縮的人們多一些溫飽，多一些安慰，多一些親人的消息……他們紛紛走到一起唏噓悲傷，並商量自己能為救災做點兒什麼。經過反覆磋商，最後他們得出的結論是：儘管我們現在平均年齡已過古稀，但是我們不

能旁觀。我們有兩個祖國，一個把我們撫育成人的中國，一個接納我們回到故鄉的日本。在中國，養父母們超越恩仇，超越國界，含辛茹苦把我們養大成人，而我們又都在四五十歲才回到日本，話也不會說，吃的用的都是日本國民的稅金，因此我們一定要盡我們的力量，為災區做點事情。

這些心地善良的老人們，覺得僅僅捐款還不能表達他們的心意，他們說：看見災區有那麼多的孤兒，想起我們的童年，真的很難過，怎麼樣給災區人送去一點安慰呢？去做義工吧，年齡大了，也許還會給災區添麻煩。想來想去，最後想出了好主意：對了，我們這些人，在中國生活了這麼多年，包中國的水餃是最拿手的了，我們要把熱乎乎的水餃，連同我們問候和一點兒溫暖，親手送到災區去。

雖然想法很好，要實現起來也是有困難的，那邊道路不通，車也很難找。他們想僱運輸公司的車，但是沒有人接這個活兒，一聽說是運凍餃子，就更沒有人接了。

經過多方尋找，他們的想法終於感動了一家運輸公司的社長，願意幫助他們，但是知道了他們幾乎都是 70 多歲的老人時，這位社長就又望而卻步了，怕他們顛簸這麼遠的路程，身體受不了。孤兒們七嘴八舌地說服這位社長：我們去的人都是經過挑選的，我們也都是經過鍛煉的，您放心吧。

運輸公司社長終於被這些善良而堅定的老人們說服了，他不僅派車派司機幫助他們，而且派了 6 個身強力壯的青年，幫助他們搬運東西。

經過一位日本報社記者的聯繫，災區方面也歡迎他們去，2011 年 4 月 5 日晚上 9 點，池田澄江等 10 名戰爭孤兒、一名家屬代表、一名孤兒二代代表和運輸公司的 6 名職工，乘坐一輛中型公共汽車、連同一台 5 噸的冷凍車，載着他們夜以繼日趕做的近 9000 個水餃、4 個煤氣罐、幾桶水以及炊具，頂星戴月，奔赴災區。

2011 年 4 月 6 日早晨 8 時，他們到了災區，一片殘破和荒涼的景象令他們慘不忍睹，那景象似乎比他們親身經歷過的戰爭還要慘，一望無盡的曠野上是一望無盡的碎片瓦礫，美麗的海岸城市變成一片廢墟，斷垣殘壁，海鷗哀鳴，白雲低垂，海浪嗚咽，他們默默地拿出鮮花，放在滿身瘡痍的大地，一點一滴，撒下了他們帶去的淳酒，向受難的人們寄託哀思。

災區安排他們服務的地方是岩手縣陸前高田市的一個運動中心，那裏有300 多個避難者。

他們看見：運動中心被打掃得非常乾淨，雖然他們打着「殘留中國日本孤兒」的旗子，開始在運動中心的門前安設炊具，但是沒有人出來看，雖然在運動中心裏也有許多孩子，也沒有孩子出來看。

孤兒們想：也許是因為震災太慘重，人們都很鬱悶吧？要是平時，總該有蹦蹦跳跳的孩子出來看熱鬧吧？

這裏的開飯時間是晚上 5 點半，孤兒們先煮好了 1500 個餃子，送到陸前高田市災害對策本部，陸前高田市市長戶羽太正忙碌在那裏。就是在這一天，戶羽太市長見到了妻子久美的遺體。前兩天，正是久美女士 39 歲的生日。她在 3 月 11 日的震災中，從家裏跑向高地時被海嘯捲走。

面對妻子的遺體，戶羽太市長含着淚水反覆對妻子說：「對不起，對不起……」若不是災難來臨時刻他必須堅守崗位，指揮救災，他早就去救妻子了，但是現在他只能與妻子相聚在生死兩界，黃泉人間之冰冷的隔絕之中，「只應碧落重相見，那是今生，可奈今生，剛作愁時又憶卿……」（納蘭性德詞《採桑子·海天誰放冰輪滿》）

孤兒們看着這位仍在淡定與堅毅中指揮着救災工作的市長，淚水不由地再次模糊了雙眼，他們多想安慰這位仍強忍悲痛，咬緊牙關為救災東奔西走的市長和那些和他一樣，忍受着失去親人的悲哀頑強工作的人們？但是他們似乎難

以找到合適的語言，是的，此時此刻，有什麼語言，能表達他們深深的感動？

陸前高田市災害對策本部本來說只送去凍餃子就可以了，他們就用保溫紙盒送去了凍餃子，但是孤兒們到對策本部一看，那裏就有一個小小的爐灶和小小的鍋，哪裏能煮這麼多餃子？他們立刻返回運動中心，動手給他們煮好了餃子，送了過去。大家吃過後都稱讚餃子好吃。

在 6 號下午 4 點鐘，孤兒們在避難中心開飯之前來到運動中心門前煮餃子。但是沒到開飯時間（5 點半），沒有人出來。直到 5 點半過一點，才有人陸續出來打飯，但是沒有一點兒混亂，都是秩序井然，人們也領走了他們為每個人準備好的餃子。

過了吃飯時間，運動中心的門口又沒有人了。孤兒們都交口讚歎日本人的守時和守秩序，就是在特大災難的時候也仍然有條不紊。

在他們整理炊具要回去的時候，覺得有人在默默地幫助搬東西，一看，是三個年輕的自衞隊員。他們看着這些可愛的年輕人，就想把自己留着吃的 20 份餃子送給他們，但是他們微笑着向他們敬軍禮，輕聲說：不要。

汽車的馬達在轟鳴，他們坐上車要回去了，這時，他們突然看見，運動中心裏避難的人們潮水般地湧了出來，有年輕人，也有老人、孩子，他們來為戰爭孤兒送行，不住地向他們揮手，看不到沉鬱，看不到悲傷，只有感謝的情義，蕩漾在受災者們的臉上，只有感動的淚花，旋轉在他們黑色的眸子……

孤兒們的淚水一下子湧了出來，在兩個國度和滄桑歲月中，他們經歷了太多的辛酸，也經歷了太多的感動，世界上有這麼多的災難，也有這麼多值得他們湧泉相報的情義，熱淚能填海，暖語濃似酒……

避難的人們搬出一箱蘋果送給他們，孤兒們連忙推辭說：這對你們來說太珍貴了，我們不能收。

池田澄江在表彰儀式上

池田澄江與溫家寶總理握手

避難的人們對他們說：是很珍貴。這是地震前的果實，再次栽培出這樣果實，不知還要花多長時間，但是正是因為珍貴，才代表我們的心意，才要送給你們。

中型巴士在孤兒們被淚水模糊的視線中離去了，孤兒們喃喃地在心裏說着：你們一定會再次栽培出更加甜美的果實，迎來一個更加結實的、碩果累累的家園……

夕陽如血，海天一線，孤兒們粘滿淚花的臉上，閃動着夕陽殷紅、淒美的光芒……

剪不斷的思念

如今池田澄江已經年過七旬，但是在她的人生中，她所最懷念的，仍是她的中國母親。

她對筆者說：在我的記憶中，我母親可以說是世界上最好的母親，她一生任勞任怨，從來沒有過一句怨言。她的教導，使我受用一生。我從小她就教導我，要幫助有困難的人。記得我五六歲的時候，我們家裏的一個朋友妻子去世，丟下一個小男孩，比我小一歲，沒有人照顧，就寄放在我家裏。本來我家裏就我一個孩子，什麼好吃的都可着我，但是這小男孩來了以後，好東西都給他吃了。我那時就有些奇怪還有些嫉妒。有一天媽媽又給他好吃的，然後轉身出去。我就一把從小男孩手裏把好吃的奪了過來。小男孩「哇」地一聲哭了起來，媽媽聽見哭聲忙進來，小男孩向我媽媽告狀，說我搶了他的東西。媽媽生氣把我手裏的東西奪了過去給了小男孩。然後和藹地對我說：「你要讓着他，他是沒有媽的孩子，多可憐呀！你比他好多了，你有媽呀！你說我們是不是應該幫助他呢？」

池田說：媽媽從小還告訴我，第一要誠實，不能撒謊。她說：也許你第一次撒謊，人家相信了你，但是你第二撒謊，就不會有人再相信你了。她還常對我說，無論什麼事，只要努力，只要堅持，就會成功。她沒有唸過書，沒有文化，但是她教我的一切，讓我受用終身，在我漫長而艱難的人生之路上，我從來沒有忘記過媽媽的話，這些話一直是我人生的準則。

　　當那首老歌《燭光裏的媽媽》（李春利詞、谷建芬曲）在錄音機裏想起，池田澄江總會憑窗遠望，她看見在朝霞暮靄中，一個中國母親，拉着一個異國小女孩的手，走過酷暑嚴冬，走過風霜雪雨，那泥濘的路上留下一對腳印，每個腳印都記錄着與母親同甘共苦的日子，每一個腳印都記錄母親超越了國與家，敵與友，恩與仇的無疆大愛和仁慈。

　　　　媽媽我想對您說
　　　　話到嘴邊又咽下
　　　　媽媽我想對您笑
　　　　眼裏卻點點淚花
　　　　……

淚水模糊了他的眼睛，怎能忍心離去？

這片深情的熱土，怎能不步步回首？

那剪不斷，理還亂的牽掛：

天涯海角兩國人，盼母思兒一樣心。

若許於今圓凤夢，當思六億育情深。

第三章

來生有緣能相聚　重作母子奉尊前

——戰爭孤兒木村成彥與他的中國養父母

1999 年 8 月 20 日，瀋陽市大東區望花南街汽車川流不息，高大的「殘曆碑」映入眼簾。那是一本翻開的台曆，時間凝聚在 1931 年 9 月 18 日。走近殘曆碑，可以看見碑左面有行書刻字：「夜十時許，日軍自爆南滿鐵路柳條湖路段，反誣中國軍隊所為，遂攻佔北大營，我東北軍將士在不抵抗命令下，忍痛撤退，國難降臨，人民奮起抗爭。」這裏是震驚中外的「九一八」事變的發生地，「殘曆碑」就是為紀念這一重大的歷史事件而建，這裏還在 1999 年 9 月 18 日正式建成「九一八歷史博物館」。

上午，180 多名中日各界人士聚集在這裏，舉行了遺留中國日本戰爭孤兒「感謝中國養父母紀念碑」揭幕儀式。

1945 年日本戰敗以後，在戰後的混亂中，約有幾千名戰爭孤兒被留在了中國，飽受戰爭創傷的中國人收留了他們，把他們從死亡線上拯救出來，並像自己的親生孩子一樣撫育成人。

為了感謝中國養父母的博大胸懷和無疆大愛，以戰爭孤兒及支持他們的義工們為中心，捐款約 1000 萬日元，建立了這座飽含戰爭孤兒深深的感激與無盡思念的紀念碑。

「感謝中國養父母碑」是一座古銅色的雕塑，塑造了在戰後的凋敝與破敗中，兩個衣着簡樸的中國養父母，充滿慈愛地呵護着一個身背小書包的日本孤兒，領着他走向充滿溫暖的新的家庭與新的未來，日本孤兒仰頭望着中國母親，表情安堵而快樂……

在揭幕儀式上，孤兒代表木村成彥代表孤兒們致辭，向中國養父母和到場的人們傾訴自己的感激與深情：

親愛的爸爸媽媽，各位來賓，大家好！

今天，在這裏參加感謝中國養父母之碑的揭幕式，我感到萬

分的榮幸。

建立感謝之碑是我們多年的願望。今天，在許多人的鼎力協助之下得以實現了。首先，我代表全體孤兒向竭力支持的各位日本國民，致以最衷心的感謝。同時，也向中國政府及協助我們的所有人士，致以最衷心的感謝。謝謝各位。

半個世紀前，日本侵略者發動的那場侵略戰爭，給中國人民造成了極大的傷害。同時，也給日本國民帶來了不可治癒的傷痛。我們這些遺華孤兒中還有許多人到現在也不知道自己的真實姓名，不知道自己親人在那裏。

我們就是日本軍國主義者侵略行徑的活證據，也是中國人民慈悲寬大胸懷的愛的結晶。

戰後，在中國大地還是斷壁殘垣，衣不遮體食不果腹的苦難中，那些高尚的養父母們，敞開博大的胸懷，以德報怨，向我們伸出了仁愛之手，拯救了我們這些有國不能歸，有家不能回的敵國孩子。

中國的父母們，為了養育我們，自己節衣縮食，讓我們吃飽穿暖。寧可自己吃苦受累也絕不讓我們受半點委屈，還含辛茹苦供我們上學。我們中有不少人都是大學畢業。我們結婚，有了溫暖幸福的家庭。進而，在日中邦交正常化之後，偉大的中國養父母們，含悲忍痛，揮淚送我們回到了日本。

我們這些孤兒，雖然回到了日本，也不得不從零開始。我們一直想建立一座「感謝之碑」，然而，那也不是一件容易的事。這時，在千野先生（「感謝之碑」建立委員會委員長）提議之下，許多國民伸出了援助之手，才如願以償。

這座「感謝之碑」，是我們歸國孤兒對中國養父母的一片感謝之情，也是中國養父母血淚深情的愛的結晶。同時，也是日本國民對中國人民的感謝之心。讓歷史永遠銘記中國養父母養育我們的偉大事跡。

今後，我們這些孤兒決心為日中友好事業和世界和平事業作最大的努力。

最後，祝願中國繁榮昌盛和日中兩國人民幸福，更祝願中國的父母們健康長壽。

孤兒代表　木村成彥

1999 年 8 月 20 日

在致辭中，木村多次哽咽、泣不成聲。聽他致辭的人中，也有他的養父——84 歲的張忠綿先生，他的眼睛裏滿含淚水，傾聽着兒子的傾訴。

歷史，在這裏濃縮，怎麼不感天動地？父子，在這裏相見，怎能不淚流滿面？

那 53 年的歲月，53 年的繾綣，53 年的深情，豈是這寥寥數語能夠傾訴。

木村的思緒，透過迷離的淚眼，回到了皚皚白雪中溫暖的茅屋，回到了中國母親慈愛的懷抱中……

在慈母的深愛中長大的頑童

1946 年初，張廣才嶺和長白山脈群山環抱的吉林省敦化縣敦化鎮被一片皚皚白雪覆蓋，發源於敦化縣長白山脈的牡丹江上銀裝素裹，冰封千里。

張忠綿（右一）與木村成彥（右二）、長女（左二）、三子（左一）在一起
大久保真紀攝影

在牡丹江對岸的一個小村落前，一位憔悴的日本年輕女人領着一個四五歲的小女孩和一個兩三歲的小男孩，來到了牡丹江對岸一座炊煙嫋嫋的茅屋前。

一位 20 多歲的中國婦女走了出來，迎接他們走進溫暖的茅屋。

熱乎乎的炕上躺着一個正在繈褓中酣睡的不滿五個月的嬰兒，日本女人滿眼含淚，看着這個嬰兒，這是她最小的兒子。

1945 年的 8 月 9 日，蘇聯遠東部隊在中國東北邊境分三個方向全線出擊，展開對日作戰，大部分兵力已調往日本本土與南方戰場的關東軍兵敗如山倒，潰不成軍。東北很快被蘇聯紅軍佔領，日本軍人和青壯日本人中有很

多被帶往西伯利亞做苦工，軍隊家屬和日本開拓團的家屬失去了依靠，他們有的在東北大地流浪，有的在難民收容所裏等待遣返。

這位姓木村的女性，就是這些日本人家屬中的一個，日本戰敗後，她領着3個孩子顛沛流離，靠幫中國人做些短工過活，現在她正在一家木工房裏幫助木工房老闆燒火做飯。

一個女人，在戰後的破敗與蕭條中，養活3個孩子，這實在是她難以承擔的重荷。營養不良，睡眠不足，擔驚受怕，使她早已沒有了奶水，為了讓這出生剛滿一週的孩子留下一條命，她把他送給了這家善良的中國人——張忠綿、徐素珍夫婦。這對夫婦雖然結婚好幾年了，但是妻子徐素珍總是流產，至今還沒有孩子，他們很想抱養一個孩子。經她人的介紹，張忠綿、徐素珍夫婦收養了這個孩子。那時，張忠綿29歲；徐素珍24歲。

「偽滿」城市街景
偽「滿州國郵政明信片」

嬰兒醒了，他伸出小手笑着。5 歲的小姐姐疼愛地抱起了弟弟，走到院子裏冬日的陽光中，媽媽向徐素珍要了一條窗戶紙，寫下了這個嬰兒的生日及父親、母親的名字……

夕陽西下，天空中佈滿了烏雲。母親背起這嬰兒 2 歲的哥哥，領着 5 歲的姐姐離去了，雪地上留下一串深淺不一的悲哀的腳印……

張忠綿、徐素珍夫婦給這個孩子起名叫「張學彥」，從此，張學彥——張忠綿和徐素珍的獨生子，這個普通的林業工人家的掌上明珠，開始在這山環水繞，風景秀麗的長白山下、在湍急清澈，魚香蟹肥的牡丹江畔快樂地成長……

養母是用大米、高粱和玉米的精華把張學彥是養大的。當時敦化沒有牛奶，更不用說奶粉，養母每天把大米、高粱多次蒸煮，煮成稠稠的米湯來精心餵養張學彥。

張學彥的中國故鄉敦化鎮群山環抱，密林參天，享有「長白山立體寶庫」之美譽，森林覆蓋率 84.9%。發源於長白山以北牡丹嶺的牡丹江，孕育其古老的文化。這裏野生植物種類繁多，夏天一片花海、蕨菜、黑木耳、松子、榛子、野果等特色野生植物有近百種，人參、靈芝等名貴中藥材 240種，野生動物有 159 種，其中，東北虎、黑熊、梅花鹿等珍稀動物 20 種。張學彥家住在敦化鎮東南角敖東城附近，唐初公元 698 年，靺鞨族領袖大祚榮在此築城稱王，號稱震國，敖東城為震國都城，是其建國初之政治、經濟、文化中心。公元 713 年，唐玄宗冊封大祚榮為渤海郡王，始稱渤海國，全盛時「地方五千里」，史稱「海東盛國」。文化制度仿擬唐朝，渤海王子和貴族子弟紛紛前往長安學習唐代文化。詩人溫庭筠有《送渤海王子歸國》詩：「疆里雖重海，車書本一家。盛勳歸舊國，佳句在中華。定界分秋漲，開帆到曙霞。九門風月好，回首即天涯。」

以後，這裏先後歸屬於遼朝的順化王、金朝的上京會寧府、元朝的古州千戶所、明朝的建州衛，清初屬吉林將軍管轄。清末光緒七年（1881）十二月，置敦化縣，取自《四書中庸》中的「小德川流，大德敦化」一語，寓意為「敦化風俗」。民國時劃歸吉林省，1931年「九一八」事變後，日本控制東北，同年9月26日，清朝宗室熙洽應日本人要求設置吉林省長官公署，9月28日對中華民國發表獨立宣言。1932年3月9日，偽滿總理鄭孝胥以「國務院」的名義發佈偽滿州國「省公署官制」（大同元年3月9日教令第13號）省政府改為省公署，吉林省公署設置於永吉縣。1934年10月11日新「省公署官制」（康德元年10月11日敕令第124號）公佈，吉林省分割為吉林省、濱江省、三江省、間島省4省，其中吉林省包括吉林市、長春、雙陽、伊通、德惠、農安、長嶺、乾安、扶餘、永吉、舒蘭、額穆、敦化、樺甸、磐石、榆樹及懷德各縣，敦化縣劃歸吉林省管轄。1945年9月日本投降後，成立敦化縣民主政府。1949年，成立敦化縣人民政府。1958年10月，敦化縣由省直轄劃歸延邊朝鮮族自治州管轄。1985年2月28日，撤銷敦化縣，設立敦化市（縣級），新設立的敦化市，仍由延邊朝鮮族自治州管轄。

距離敦化南五十餘公里處的寒蔥嶺，橫亙東西，是松花江與牡丹江的分水嶺。張學彥家在敖東古城的松花江上游江岸，那裏江水清澈，魚香蟹肥。一家人住在與鄰居合買的三間草房中的一間半中，門前有一片菜園。養父張忠綿在偽滿時代是「滿洲林業株式會社」林業貨車的車長，當時在大石頭林業局工作。大石頭林業局位於吉林省東部，長白山北麓，延邊朝鮮族自治州西部，跨越安圖、敦化兩縣市，於1931年開發，1952年建局，隸屬延邊州林管局。養父的工作單位在敦化鎮東約25公里以外，不常回家，家裏經常是養母和張學彥兩個人，在張學彥7歲的時候，張家又抱養了一個無人照管

的女孩。

在養父母的精心照料下，張學彥長成了一個快樂的頑童，他在敦化美麗富饒的大自然中盡情地玩耍，穿山入林，釣魚游泳，玩夠了就跑回家向媽媽嚷着要吃飯，媽媽總是笑盈盈地說：「這孩子，就是嘴急。」然後馬上端上來香噴噴的飯菜。

那時細糧供應得很少，主食基本上是高粱米、玉米麵等，而養母自己吃着粗糧，把省下來的細糧都留給張學彥吃，媽媽每週專門為張學彥蒸白米飯的小盆，張學彥一直保留着。

到過年的時候，媽媽總是給張學彥做新衣服穿，張學彥淘氣，不喜歡穿新衣服，覺得彆扭。在他彆扭着不肯穿新衣服時，媽媽經常逗她說：「你要是不穿，我就拿出去和要飯的換，換了他的破衣服給你穿。」

偽滿時代的敦化車站（右下）等偽滿洲國時日本發行的明信片

門城ルハチチ（下左）驛化敦線敦吉（下右）門山院寺陽朝（上）（景百洲滿大）（27）

張學彥剛生下來日本母親就顛沛流離，他也落下了肚子痛的病，一犯病，養母非常着急，不管颳風下雨，不管白天還是黑夜，都會背着他去縣醫院。從他家裏到縣醫院要走一個半小時，養母身患肺氣腫，張學彥在養母的精心照料下長得又比較胖，而那時沒有公共汽車更沒有出租車，走十多里的路，全靠媽媽的一雙腳。媽媽背着他，走累了，歇一歇，然後再走，那種趴在母親被汗水濕透了背上的感覺和母親疲憊不堪的表情，張學彥至今記憶猶新。

　　母親生怕這個病根會影響張學彥成長，除到處求醫找藥外，也到處燒香拜佛，求神佛保佑。

　　以前，人們認為有一部分小孩一生命中注定要犯某一種關煞，會遭到神鬼的作怪，這種情況可以通過「過關」的方式來消解，以求得神靈保佑，讓孩子平安長大成人。

　　所謂「過關」，是在院子裏擺一張高桌並沿着桌子邊圍一圈紅布，桌上放有插神靈牌位的斗、升，四周立着用黃裱紙剪成的長槍長戟，再按東西南北方向放上斧、刀、鞭、棍四種法器，桌子腿上貼上神靈的牌符，被裝飾好的桌子俗稱「過關樓」，此外，還需準備一口鍘刀。過關時主持過關的人唸咒，讓小孩從過關樓門洞中爬過，再爬過鍘刀口，鍘刀落下，鍘掉小孩腰間所拴草繩之一節，同時過關主持人口中唸「三十六關都解散，七十二煞都消盡」等咒語，以此保佑孩童，傳說如此連過三關，小孩可以消災免禍，長命百歲。

　　母親為了張學彥能夠消災免禍，也領着張學彥去「過關」。

　　三年自然灾害時期，張學彥家糧食也出現短缺，母親每天在菜園子裏頂着酷暑勞作，為的是給家裏補貼一些飯菜，到了冬天，她挎着小筐去拾煤渣，好給家裏多增加一絲溫暖。

　　張學彥曾對筆者說：上初中一年級時（1960），所有的人家糧食都不夠

1968 年，木村成彥的養母（左前一）和親戚合影
木村成彥提供

吃，人們都不敢吃乾飯了，都喝粥吃野菜，有的地方甚至有吃樹皮等。我大致記得，那是秋季的一個大雨滂沱的夜晚。我在傍晚時有些咳嗽，沒有太在意，吃了幾片藥就睡了。到了午夜時分，竟發燒到了燙手的地步。養母不顧瘦小的身軀和肺氣腫的病態，找了一件雨衣披在了我的身上，背起我就向縣醫院奔去。她不顧雨大道路泥濘，一步一滑，跑跑歇歇，歇一歇再跑，到了醫院養母已經累得倒在地上。經過診斷，我的右肺得了大葉性肺炎，馬上就進行點滴，養母一直守護在我的身邊。大夫告訴養母說，由於缺乏營養，再加上感冒才得了嚴重的疾病，還得繼續打幾天點滴，回去後還要加強營養。

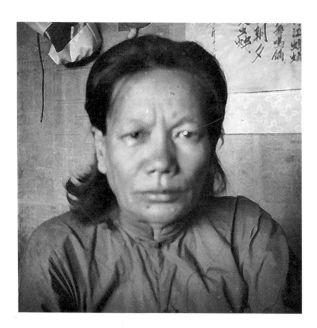

木村成彥的養母徐素珍
木村成彥提供

從那以後一個多月，養母一直吃瓜菜粥和鹹菜，將配給的肉和油都給我吃了，一個月後，我的病也好了，而且胖了好幾斤。

張學彥高中畢業後，進入延邊師範學院進修，那時正是 1966 年，一場史無前例的「文化大革命」開始了。

1966 年 8 月 18 日、8 月 31 日，毛澤東兩次接見首都紅衛兵和外地來京師生，表示了他對紅衛兵的支持。為此各地青年學生紛紛奔赴北京，渴望得到毛澤東接見。

1966 年 9 月 5 日，中共中央、國務院發出《關於組織外地高等學校革命學生、中等學校革命學生代表和革命教職工代表來北京參觀「文化大革

命」運動的通知》。要求外地高等、中等學校學生和教職工代表來京，參觀和支持北京各學校「文化大革命」，交通、飲食等都由國家財政開支，也就是所謂的「大串聯」。串聯開始時以北京為目的地，後來逐漸向其他地方分流。

革命聖地更是學生們嚮往的目標，張學彥也趁這個機會到全國各地去「串聯」，也來到了井岡山。雖然吃、住、行都不花錢，但是那裏交通不便，用錢的地方還是很多的。到了井岡山後，張學彥所帶的錢幾乎全花光了，只好發電報回家，讓家裏給他電匯錢。他在接到家裏寄來的 30 塊錢後，才上路回家。

他回到家以後，鄰居對他說：「你可算回來了，可把你媽惦記壞了，她每天都去江邊看火車道上的火車，看你回沒回來，有時候一天就要去看好幾次呢！」

養母和張學彥的感情如此深厚，也使張學彥一直想在成人以後，好好報答母親，但是遺憾的是，母親身患肺氣腫，到了 50 歲左右的時候，病一天天的重起來。1969 年，張學彥有了對象，母親非常希望在有生之年能看到兒子結婚，因此催促他們快些結婚。

1969 年 12 月末，張學彥結婚了，但是就在結婚後的第三天，母親溘然長逝，使張學彥非常悲痛，正是「世上萬般哀苦事，無非死別與生離」。雖然那時他已明確地知道自己是一個戰爭孤兒，但是他的中國母親已使他不會相信世界上還會有比這更深厚、更無私的母愛，「離恨恰似春草，更行更遠還生」。不管他走到天涯海角，他的思念，永遠留在了那個北方邊陲的小城，留在了那溫馨的茅草屋嫋嫋的炊煙中，留在了中國母親張開雙臂，迎接一個快樂的頑童歸來的溫暖懷抱中……

張學彥一直深深地懷念養母，1985 年 10 月 25 日，在他 30 歲時，他寫

下了深切懷念養母的詩作：

追思養母

蹉跎不惑憶童年，盡靠恩母羸弱肩。

糟糠野菜填自腹，白米香糕盡兒餐。

廟前揖首求神佑，醫病煎湯護牀邊。

驕陽底下耕壟畝，寒雪之中撿煤玷。

勤儉持家好妻子，體貼入微良母範。

目不識丁心胸闊，以鄰為善友情寬。

可恨天公不我待，欲盡孝心早歸天。

來生有緣能相聚，重作母子奉尊前。

在養父的支持鼓勵下成就藝術理想

養父張忠綿由於工作單位離家很遠，因此不常在家。張學彥小時候，非常盼望養父回來，因為養父每次回來，都會給他帶回很多禮物，糖果、餅乾、榛子、松子……

養父雖然只讀了三年書，但對張學彥的學習特別關心，每次回來都會看張學彥的作業。

在張學彥小學四年級的時候，養父給他買了自來水鋼筆。在當時那個年代，對於小學生來說，自來水鋼筆還是一種奢侈品，引來了同學們羨慕的目光。

張學彥喜歡畫畫和書法，養父就給他買來字帖、墨筆、顏料等，養父經常對他說：「小子，只要你好好學，學到哪兒我供到哪兒，考上什麼學校就

唸什麼學校。」

張學彥在師範學院畢業後，先後成為一名敦化林業局下屬小學、中學的教師，養父非常高興，對兒子讚不絕口。

在養父的支持下，張學彥從小就練得一手好書法。1972 年，社會上正掀起抓革命促生產的運動，各個單位積極響應，搞起來了大宣傳的活動。張學彥調到敦化林業局機械檢修廠工作，工廠機關經常出板報，張學彥有了大顯身手的地方，書法和繪畫都有所提高。林業局還出資讓他們這些搞宣傳工作的人去全國各地參觀美展，也使張學彥在藝術上眼界大開。

1986 年，張學彥回到日本，但是一直沒有找到生身父母。據當年僱他母親做零工的木匠鋪老闆說，他的日本母親姓木村，於是他的名字也改做「木村成彥」。

到日本後，他先在一家公司就職，後來干維修自來水道的工作。工作之餘他一直想利用自己的藝術才能為中日友好事業及文化交流事業做點事情。1992 年，中日邦交正常化 20 週年之際，他得到將在長沙舉辦「國際和平杯書畫大賽」的消息後，馬上寄去行書條幅，並得以入選參加展覽。

1995 年 9 月 13 日到 20 日，他在中國吉林省延吉市的延邊朝鮮族自治州博物館舉辦了第一次個人書畫展。舉行開幕式時，州政協主席和市委文化部長及文化界相關人士都到場祝賀。為了感謝他曾工作過的敦化林業局，他還在 1995 年 9 月 22—26 日在敦化林業局舉行了個人書畫展。

2002 年，為紀念中日邦交正常化 30 週年，在北京國家歷史博物館舉辦中日書畫展，木村成彥寄去了書法作品，獲得了老年組銅獎。

退休後的 2011 月 3 月 8 日，木村成彥組織成立了面向戰爭孤兒的書法教室「中國歸國者墨緣金橋會」，豐富戰爭孤兒們的文化生活，他本人擔任該會的會長和書法教師。

2012 年 10 月 19 日，在木村成彥的積極推動下，由日本中國殘留孤兒援護基金、東京中國文化中心主辦、中國歸國者墨緣金橋會協辦的「紀念日中邦交正常化 40 週年既援護基金設立 30 週年日本中國殘留孤兒生活文化作品展」在東京中國文化中心舉行，展覽共分四個部分：書法、水墨畫、攝影、繪畫（油畫、水彩畫等）和手工藝（包括剪紙、篆刻和刺繡），木村成彥有多幅作品參展。日本中國殘留孤兒援護基金理事長多田宏、中國駐日本公使韓志強、日本厚生勞動省大臣官房審議官泉真等各界人士出席了展會。

2012 年 10 月日本政府「購買」釣魚島後，中日關係進入了嚴峻的「冰河期」，木村成彥為此痛心疾首。7 月 18 日，木村成彥作為中國歸國者墨緣金橋會代表和其他會員前往日本內閣府提交了一份《諫言書》，表達了作為擁有兩個祖國的歸國者對中日關係友好的期盼。

《諫言書》中寫道：

尊敬的安倍晉三總理大臣：

我們是從中國回來的歸國者。我們是一群快要或已經步入古稀之年的人。每個家庭都可以說是日本國和中國友好的象徵。想將我們想到的向總理訴說。

六年前，也就是在您初次當政的自民黨政權成立以後，為我們制定了新的支援政策，對我們的老後生活給予了保障，增強了我們今後生活的安心感。

當時，就任之初出國訪問的竟是中國。我們覺得，您是願意同鄰國友好相處，共同攜手創建亞洲美好未來的總理大臣。

木村成彥在信中寫道：

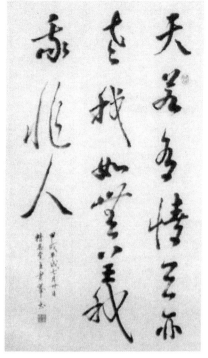

木村成彥書畫作品

正因為日本當時侵略了中國，你的國民才成了「殘留孤兒」和「殘留邦人」。這是歷史留下的鐵證，絕不允許無視歷史，否認歷史。中國是那一場侵略戰爭的最大的受害國，同時又是日本國民的恩人國。是偉大的中國人把我們這些孤兒從苦難中解救出來，在那種艱苦的歲月裏，他們在自己都難以維持生計的時期，還含辛茹苦把我們這些日本人的孤兒扶養成人，後來又忍痛將我們送回自己的祖國，給日本國送回了數以萬計的勞動者，這種大恩大德我們子子孫孫都不能忘記。

木村成彥在信中還寫道：

　　現在，無論是政治家和經濟學家以及普通的日本國民，大家都很清楚，同中國實在是唇齒相依的關係。再說了，遠親不如近鄰，一衣帶水之隔，經貿往來非常方便，中國是一個巨大的市場，自然資源又很豐富，這一點恐怕您比我們都清楚，為何不長期穩定地搞好關係互惠互利呢？我們更不應該丟掉西瓜撿起芝麻，那實在是大糊塗蟲。

　　有些惡作劇的小人將一隻扎手的刺蝟留到了您的手上，我們想您是一位很聰明的人，希望您趕快放下這扎手的東西，帶領國民大踏步地朝着更遠大的目標前進。

　　我們這些人是戰爭的受害者，到現在我們大多數人都不知道自己的祖先是誰，自己的真實姓名是什麼，飽嘗了戰爭的苦頭。為此，我們絕不允許再次被綁到戰車上去參加戰爭，也絕不允許將我們的子孫推上戰場。

希望總理以史為鑒，為了亞洲以及世界的和平與繁榮，向老一輩愛好和平的優秀的政治家學習，放下所謂的島國的自尊，開闊胸懷，徹底卸掉罪惡歷史的包袱，為亞洲以及世界的和平友好作出積極的貢獻吧。

我們相信，在您的帶領下，一定會「山重水復疑無路，柳岸花明又一村」，重新修復好日中關係，朝着更美好的未來大步前進。

中國歸國者　墨緣金橋會　全體　謹諫

木村成彥說：歸國者團體以及歸國者的每個家庭，都是中日友好的微型縮影和象徵。中日兩國是一衣帶水的鄰邦，唇齒相依，為了子孫後代也應該共同攜手建立和諧的區域。我們的文化之根深深地扎在中國的那片熱土裏。

在中日關係嚴峻時期，歸國者對此十分擔心、十二分地關注，也想盡自己的微薄之力為日中友好事業添一股暖流，並希望這股暖流越來越強，變成一個大的暖氣團，融冰化雪，迎接中日友好更溫暖的春天。非常希望日中關係越來越好，給子孫後代作出榜樣，造福人類，造福子孫。

這樣，在 2014 年 1 月 7 日到 17 日，木村成彥又在東京中國文化中心組織了一次「中國歸國者書畫篆刻展」，得到了中國大使館文化部、東京都日本中國友好協會、日本中國文化交流協會、中國殘留孤兒援護基金、中文導報社及櫻花共同法律事務所作為後援支持。

木村成彥說：此次展覽會是歸國者回國將近 30 年來，第一次獨立自主舉辦的展覽會。在徵集作品期間，得到了各地中國歸國者支援交流中心的大力支持，他們為此次展覽會積極推薦作品，盡心協助。歸國者中的許多書畫愛好者也都積極參與，都想將自己得意的作品拿出來展示給大眾。墨緣金橋會還舉辦了書法研究會，大家歡聚一堂互相學習取長補短，指導老師還給研

究者指出各種不足，進行批改糾正，促使每位作者在技法上都得到了很大的提高。

經過幾個月的努力，應徵作品達到了 150 多件，經過指導老師的糾正和篩選，決定了一百餘件作品參展。

歸國後與養父的深情

木村成彥是日本戰爭孤兒這件事，是當時周圍的鄰居們都很清楚的，木村成彥也從中日關係正常化以後開始和中日的各有關部門聯繫，尋找日本親人。1983 年 10 月 12 日，木村成彥突然接到了去日本尋親的通知，使他悲喜交集，夜不能寐，喜的是到日本有可能見到自己離別近 40 年的父母、姐妹、兄弟，溯源歸根；悲的是養父已進入耆老之年，扔下他孤身一人，怎麼忍心，他當時寫下的七律《感賦》，鮮明地表達了他當時的心境：

> 忽聞越海覓雙親，忐忑難眠淚滿襟。
> 每憶齡童相戲罵，今知肉骨屬倭身。
> 佳肴細褂慈娘愛，嚴教督學養父心。
> 不是胸寬納廣宇，焉能護侍到而今。

在他來到北京搭機去日本前，他站在北京宣武門飯店的窗前，心緒回到那廣袤而深厚的東北大地，他似乎看見，養父和養母領着一個活潑、快樂的頑童，走出溫暖的茅屋，走向綠油油的青紗帳上升起的紅彤彤的溫暖的太陽……

淚水模糊了他的眼睛，怎能忍心離去？這片深情的熱土，怎能不步步回

木村成彥為感謝中國養父母之碑題字

首？那剪不斷，理還亂的牽掛：

> 天涯海角兩國人，盼母思兒一樣心。
>
> 若許於今圓夙夢，當思六億育情深。（木村成彥《偶思》，1983年
> 12月2日於北京宣武門飯店）

1986年，木村一家人回到日本後，而他揮之不去的是送別的養父站在月台上那滿眼含淚的身影。

1987年，養父來了一封信，傾訴自己的思念、寂寞與孤單，木村成彥馬上讓妻子帶着兩個孩子回到敦化和養父一起生活，但是妻子和孩子回去後，善良的養父覺得是自己使兒子一家分離，經常自責，後來他對兒媳婦和兩個孩子們說：「不能因為我拆散你們一家，你們還是回日本吧。」兒媳和孩子們也只好再回到日本。

1988年，養父來日本探親，木村成彥陪養父遊覽了東京、大阪和京都等地的名勝，養父對他們的生活環境和生活狀況非常滿意，他高興地說：「來看一看，我就放心了，這裏很好，你們就在這裏生活吧。」

這以後，他們逢年過節和有長假的時候，都會回到敦化陪養父，他們還給養父僱了一個保姆，幫助養父料理家務。

1999年8月20日，在瀋陽市大東區「九一八歷史博物館」，舉行了遺留中國日本戰爭孤兒「感謝中國養父母紀念碑」揭幕儀式。養父張忠綿也被邀請來瀋陽參加揭幕儀式，木村帶着一家人在「感謝中國養父母紀念碑」前團聚，淚水打濕了三代人的衣襟。

當有人問養父張忠綿：為什麼當年會收養敵人的孩子？

養父說：他是不是敵人的孩子都沒有關係。我只是想，他是一個沒有爸

爸、媽媽的孩子，我不養他，他會死去，我養了他，他就是我親生的兒子。我也從來沒有想過讓他回報我，因為我只是盡一個父親的責任而已。

2005 年 10 月 9 日，91 歲的養父早晨還在早市和鄰居們談笑，晚上就安然去世了，木村成彥聞訊後急忙趕回的敦化，安葬了養父。

2005 年 10 月 28 日，回到東京的木村成彥，寫下了充滿深情的悼念養父的詩作：

水龍吟　悼念養父　05.10.28
（養父於 10 月 9 日謝世，奔喪 葬祭，於 28 日回到東京）
訊傳千里秋寒，驚悉駕鶴天猶墜。
東瀛滂沛，白山掛素，結花環翠。
追緬洪恩，臚情念遠，斷腸沉悼，淚飛流珠碎。
歎家不再，何歸宿，如花褪。
度九十坷坎路，苦生涯，心甘飢贏。
平凡勞作，築橋修路，為人躬瘁。
血脈雖非，愛澤異仔，海天情味。
善德積長壽，終老淡泊，永持安慰。

她分不清哪裏才是真正的祖國，

哪裏才是真正的故鄉，

碧山對晚汀洲冷，楓葉蘆根。

日落波平，愁損辭鄉去國人……

第四章

陌生祖國中的思鄉深情

——戰爭孤兒山村秀子與她的中國養父母

1950 年 11 月，朝鮮新義州的上空，美軍 F-80、F-84 型噴氣式戰鬥轟炸機和 B-29 轟炸機排成一字長蛇陣，對新義州進行轟炸，火光衝天，碎片橫飛，濃煙滾滾……

1950 年 6 月 25 日，朝鮮戰爭爆發。中國政府作出了抗美援朝的決策，並於 1950 年 10 月 8 日，任命彭德懷為中國人民志願軍司令員兼政治委員。10 月 19 日，志願軍跨過鴨綠江進入朝鮮戰場。

新義州市是朝鮮第四大城市，是平安北道的首府，位於中朝邊境鴨綠江南岸的重要城鎮，鴨綠江對岸就是中國的丹東市。鴨綠江大橋把兩座城市隔岸連接，成為最重要的交通通道，這也使新義州成為中朝兩軍的重要戰略要地成為美軍重點轟炸的對象。

美軍飛機的後續梯隊，一架接着一架地從鴨綠江口飛過來，又依次在中國一側爬高，右轉，然後急遽向新義州俯衝投彈。

這時，在新義州南中洞的華僑欒克寬家的大院裏，欒克寬正緊張地安排他收養的各國孤兒和老人進防空洞。人們驚恐萬分，一個接一個地跑入防空洞。欒克寬鑽進防空洞中清點了一下人數，發現他收養的日本戰爭孤兒大平沒有在防空洞中。

他的身體驚得涼了半截，接着出了一頭冷汗，他二話沒說，冒着彌漫的硝煙，衝出防空洞，跑到大平住的房間裏。

雖然外面炮火連天，但是大平正躺在炕上酣睡，向蝗蟲一樣飛來的轟炸機和炸彈爆炸的轟鳴也無法喚醒她的酣夢。

欒克寬大聲叫道：「大平！大平！快起來！飛機來轟炸了！快起來！」

10 歲的大平推開養父的雙手，轉過身去，又睡着了。

欒克寬再次搖動着大平，大聲叫道：「大平！大平！快起來！！進防空洞！」

大平再次推開養父的手，睡眼朦朧地說：「不！我要睡覺」。

這時，只聽一聲巨響，一顆炸彈落到了欒克寬家的院子裏，「嗖」地一聲，一塊彈片擊碎玻璃窗劃過欒克寬的額頭，一股鮮血湧了出來。欒克寬一驚，但是情況緊急，他顧不得去擦額頭上湧出的鮮血，抱起大平冒着橫飛的彈片和衝天火光跑出房門，一溜煙鑽進防空洞裏……

現住日本東京江東區的日本戰爭孤兒山村秀子，每次提起這驚心動魄的往事，眼睛總是含滿淚水，回想起與中國養父母一起生活的日子……

新義州離別親生父母

1910 年至 1945 年間，朝鮮半島為日據時代。

1910 年 8 月 22 日，大韓帝國（李氏朝鮮）親日總理李完用與日本代表寺內正毅簽訂日韓合併條約。大韓帝國（李氏朝鮮）正式滅亡，成為日本殖民地，朝鮮半島正式併入日本帝國版圖。朝鮮總督府所在地為京城府（今首爾），而大韓民國逃亡臨時政府於 1919 年在上海法租界成立。

日據時期，日本在朝鮮半島開展了較大規模的經濟建設，推進城市建設，修建工廠、鐵路、醫院、學校等，但與此同時，以土地「國有化」為名，沒收了朝鮮半島農民的土地，並將其所有權廉價賣給移民到朝鮮半島的官僚及企業等。1912 到 1937 年，朝鮮半島 GDP 年增長 4.2%，超過西歐和日本本土，不過經濟命脈完全在日本控制之下，朝鮮民族資本遭到排擠和壓迫。

新義州離朝鮮首都平壤約 284 公里，原本只是位於朝鮮西北部平安北道的小村，1910 年開闢成河港，出口稻米、木材、牛皮等，不久後成為鴨綠江上游出產木材的集散地，建成了許多木材加工廠、造紙廠等木材加工

企業。連接對岸的中國安東市（今丹東市）的鴨綠江大橋（中朝友誼橋），始建於 1909 年，朝鮮一側由日本修建，中國方面由當時的清朝政府修建，1911 年 10 月竣工，橋長 944.2 米，寬 11 米，12 孔，其中第 4 孔為開閉樑，可旋轉開合，便利大型船舶航行。大橋的建成使新義州市和對岸的安東市形成緊密的經濟聯繫。新義州也是當時的日本空運着陸地之一，是當時國際空運的重要樞紐，新義州的許多華商與華人都來自安東市與安東縣。

駐紮在這裏的日本軍隊是負責國境警備的平壤第七連隊第二中隊，在新義州車站的對面，曾有該部隊駐屯的紅磚兵舍。

山村秀子的父親當時在日本的軍隊裏做獸醫，住在新義州南中洞。山村秀子在 5 歲以前和日本父母一起生活。在她的記憶中，那時她家住在一個大院中，那個大院一共住着兩戶日本軍人，院子裏有一口水井，拉動水井上面

新義州道廳街道
當時日本出版的明信片

VIEW OF DOCHO-DORI (NEW-WIJU,
（廳道は望遠面正）通廳道州義新

鴨綠江鐵橋（上），鐵橋左右人行道全長 3090 英尺
偽滿「滿洲國郵政明信片」

的鐵鏈，可以把裝滿井水的水桶拉上來。水井是兩家共同使用。房子是日本
式房子，院子裏有用立起來的磚頭砌成的花池。家裏還養了許多白雞，這一
點和周圍的朝鮮人不一樣，周圍人家的雞一般都是五顏六色的。母親有時還
給雞洗澡，有時她也幫着母親一起給雞洗澡。

　　她記得家裏的院子有大門和小門，父親回家時常從小門進來，母親迎出
去給父親脫大衣。吃飯的時候母親跪在桌子旁邊給父親和她盛飯，一般吃的
都是大米飯。

與中國養父母在新義州的生活

　　1945 年 8 月，日本戰敗，父母把她送給了在新義州經營商店的華僑欒克寬夫婦，為了將來找她時有記號，父親還特意在她的左手食指處留下了一道傷。當時她穿着日本式童裝，頭上戴着鑲嵌着粉紅色花邊的紅色小帽。

　　在日本合併朝鮮後，前往朝鮮的華僑不斷增加。1907 年，在朝鮮的華僑為 1713 戶，7902 人，到了 1922 年，增加到 9647 戶，382026 人，其中從事商業的華僑最多，達 15967 人，而在當時的平安北道義州府義州（1924 年改名為新義州）有 245 名華僑（參照朝鮮總督府《在朝鮮的支那人》，1924 年出版；小田內通敏《朝鮮的支那人的經濟勢力》，東洋協會出版部，1926）。

洋溢着異國情調的中華人街道
明信片《洋溢着異國情調的安東縣勝景》，約 20 世紀 30 年代左右日本發行的明信片

THE IMPRESSION SIGHT AT THE CHINESE STREET IN ANTUNG.

異國情調豐富なる中華人の街の印象　（安東縣）

跨越中朝邊境的第一站安東站
明信片《洋溢着異國情調的安東縣勝景》，約 20 世紀 30 年代左右日本發行的明信片

新義州車站
朝鮮日據時代日本發行的明信片

從鎮江山鳥瞰的安東市街
《滿州景觀》，22 頁，楯綱雄著，大正寫真工藝所，1941 出版
日本國會圖書館藏

(行發館文叢田島) VIEW OF THE SANBASHIDORI, NEW-WIJU. 通 橋 棧 （州義新）

新義州，棧橋大街
日據時代明信片，島田叢文館發行

對於當時中國商人在朝鮮的狀況，當時的文獻有所記載：

> 在今天的朝鮮旅行的人，以京城（現在的首爾）和仁川為中心，北從新義州、平壤、鎮南浦、元山、清津，南到大邱、釜山等主要城市，無論是誰都可以看到，支那人作為商人、蔬菜栽培者或體力勞動者異常地活躍。不僅在這些主要城市，在各郡的首府所在地，也會有支那商人經營的雜貨店、料理店，多則十幾家，少則三、四家。特別是他們以城邑為據點，或利用「水往下流」之理，做偏遠部落市場的布料等物品的批發商，或在山麓及街道旁的小民房裏經營支那麵館。這種情況在我進行部落調查的途中到處可見。支那人不斷侵入朝鮮作為一種經濟潮流，無論對於朝鮮人來說還是日本內地人來說，都是一股無法輕視的勢力。（小田內通敏《朝鮮的支那人的經濟勢力》，東洋協會出版部，1926）

山村秀子的養父欒克寬也是商人，在新義州經營土木建築和水產業，而且很成功。

日本戰敗以後，在播放天皇宣佈無條件投降的「玉音放送」前夜，也就是 8 月 14 日，朝鮮總督府政務總監遠藤柳作與當時祕密結社的朝鮮建國同盟組織者呂運亨會談，希望在日本投降以後，呂運亨的組織協助朝鮮總督府維持治安，呂運亨提出立即釋放政治犯、確保三個月的糧食、總督府不干涉維持治安和建設事業等五個條件，在得到遠藤柳作同意後，呂運亨同意接受總督府委讓維持治安權。

根據戰時開羅會議、德黑蘭會議、雅爾塔會議及最後的波茨坦會議，盟軍對戰後朝鮮進行托管，當時盟軍中的蘇軍在中國東北，美軍在日本沖繩，

因此蘇軍從 8 月 11 日就開始進入朝鮮半島，並很快佔領北部大部分地區，美軍距離朝鮮較遠，到達朝鮮需要時間，因此提議美蘇以三八線為界，美軍在三八線以南受降；蘇軍在三八線以北受降，蘇軍表示同意。

9 月 8 日，遠藤柳作到仁川迎接美軍賀吉中將登陸，9 月 9 日受降儀式在朝鮮總督府進行，賀吉中將與第九代朝鮮總督阿部信行在投降文書上簽字，日本從 1910 年合併朝鮮以來的 35 年的統治落下帷幕。

美蘇分別佔領朝鮮半島南北兩半部以後，所實行的統治完全不同，美軍進駐南朝鮮後，成立軍政府統治南朝鮮，不僅把日本總督府的原有體制和行政機構保留下來加以利用，而且讓被解職的日本人留下來擔任顧問。軍政府不承認日本宣告投降後在南朝鮮各地紛紛成立的人民委員會。

蘇軍進駐北朝鮮後，控制了北朝鮮，通過各地人民委員會行使管理權。人民委員會中包括共產黨人和民族主義者，而共產黨人中大致分為三派，即國內派、蘇聯派、延安派，蘇聯重點扶植金日成為首的蘇聯派。

據趙景達所著《殖民地朝鮮與日本》，當時「京城（現在的首爾）成立了日本人有志者組織『京城內地人扶持會』，朝鮮全國各地也誕生了類似的團體。當時的朝鮮有約 71 萬日本人，他們爭先恐後踏上歸國之途，狀況極其混亂無章，絕大多數人都是放棄所有財產歸國，但是也有一些官吏和軍人，攜帶重財，並讓家屬等優先回國。還有一些總督和政務總監的家屬，攜帶大量金銀財寶等坐違法的『黑船』回國，竟在對馬海面遭海難，費了九牛二虎之力只保住了性命，醜態畢露。而在蘇軍施政的北朝鮮，日本人回國極其困難，最後只好靠自己的力量逃出，在這個過程中約有 35000 人餓死、凍死。」（趙景達《殖民地朝鮮與日本》，岩波書店，2013 年版，231 頁）

欒克寬那時商業成功，家境富裕。他為人善良，不忍看到在戰後的混亂中，這麼多人生死無告，無家可歸。他拿出自己的財產，在家裏收留各種無

家可歸的老人和孩子。山村秀子也是在那時被送到欒克寬這裏來的，那時她才5歲，被欒克寬收養為女兒，給她起名叫「大平」，後來就叫她「大平」。

養父會說着一口流利的日語。他的家裏有兩棟大房子，他們每個人住一個屋，中間有一個大院，大家都在大院裏吃飯，像大食堂一樣。和她一起生活的孤兒哪國的都有，有朝鮮的、日本的、中國的，還有蘇聯的，他們有時候會去幫助伙房裏的僱工們洗洗菜，有時還去為那些養父母收留的孤寡老人按摩。

山村秀子心地善良，而養父母收留的那些人，不管男女老少，都和睦相處。在時局安定以後，有的人離開了這裏。無論誰走，山村秀子都捨不得，誰走她都會哭。養父母說她心地善良，也很喜歡她。在她7歲的時候，養父把送她進新義州市南中洞人民小學讀書。

朝鮮戰爭開始後，新義州成了美軍重點轟炸的城市。由於連接丹東市與新義州市的鴨綠江大橋作為中方支援朝鮮前線的交通大動脈具有突出的戰略地位，美軍也多次派出轟炸機轟炸。1950年8月16日，美國空軍出動98架B-29戰略轟炸機，轟炸鴨綠江畔的橋樑目標等。1950年11月8日，美軍首次派出百餘架B-29型轟炸機，對大橋進行轟炸。大橋被攔腰炸斷，朝方一側鋼樑坍塌落水。同年11月14日，美軍軍用轟炸機34架炸塌朝方三座橋墩，大橋交通機能完全癱瘓，到了1951年2月大橋被徹底炸毀。

當時養父、養母為了家裏收養的這些老人和孤兒們能吃上飯，經常冒着生命危險去籌備食品。

在朝鮮戰爭期間，山村秀子親眼看到被炸毀的防空洞和掩體裏堆滿了屍體。她說：那時只有她們住的那條街道還在，而周圍的街道全都被炸平了。當時她對養父母說：只有我們這條街道還在，一定有神佛保佑我們。養父笑着對她說：就是你在保佑我們呀，因為你的心地善良。

丹東記憶

在朝鮮戰爭正在激烈進行的 1953 年，欒克寬夫婦為了躲避戰火，帶着山村秀子和三名比她小的兩女一男的朝鮮孤兒回到了鴨綠江對岸的丹東市（當時的安東市），回到中國後，養父母又領養了三個中國孤兒，也是兩女一男。養父用自己在新義州賺到的錢，買了一個大院，成了一個九口之家。

養父到丹東後進製筆廠工作，收入和在朝鮮時無法相比，但是他還是竭盡全力撫養這七個和自己沒有任何血緣關係的孤兒。

養父為人厚道，助人為樂，雖然自己養了一大堆孤兒，經濟越來越拮据，但是如果有人求他幫忙，他總是熱心幫助。有一次他剛發完工資，在公共汽車上遇到了一個熟人，這個人對他說，我現在遇到了一點為難的事，需要借點兒錢，你能不能幫助我一下，養父二話沒說，就連工資袋一起把錢借給了他。

在人口多，生活困難的時代，養父母總是自己吃最不好的，而把好東西都讓給孩子們吃。山村秀子非常心疼養父母，總是把自己分得的好吃的往養父母碗裏夾，為此養父有時會很生氣地對她說：「你這是幹啥？我們都是要死的人，給我們幹啥？你給我痛快地自己吃！」

山村秀子到丹東後起名叫「欒秀珍」，到丹東那年她 13 歲。家裏安頓好之後，養父母送她進市裏的中學學習。

山村秀子非常喜歡學習，成績一直很拔尖，進入高中後，在學校裏學習成績一直名列前茅，高中畢業後學校保送她去本溪鋼鐵學院學習，但她非常不忍看養父母含辛茹苦養這麼一大群孩子，還要為自己負擔學費和伙食費。經過反覆思考，最後她決定不去上大學，而是找個工作幫助養父母養活弟弟妹妹們。

山村秀子

当她把这个决定告诉养父母后，养父母都不同意，他们劝她说：「我们这里怎么都过得去的，你那么好的成绩，有这么好的机会，不去太可惜了。」

但是山村秀子还是坚持了自己的主张，放弃了上大学的机会，并开始到处找工作。

有一天她在找工作的途中路过丹东的陆军二三○医院，那时医院正在为

蘭州醫學院招收學生，負責招生的人看她總從那裏經過，就和她搭話，了解了她的情況後，招生的人對她說：「如果你願意去蘭州醫學院學習，可以免了你的學費，還供吃供穿。」

山村秀子聽了之後非常高興，她回家後把這個消息告訴養父母，他們都為她高興。

在赴醫學院學習之前，需要先在醫院裏實習，因此山村秀子首先進入二三〇醫院工作。當時醫院裏還有許多從抗美援朝戰場上負傷的傷病員在那裏治療，他們有的傷勢很重，有時手術後由於藥品不足，使他們非常痛苦。這些情景一下子勾起了山村秀子童年在新義州所目睹的悲慘記憶，那時遭轟炸的新義州經常是一片死屍，在養母領她在轟炸的間隙去買菜時，她看到過防空洞裏被炸死了的朝鮮人民軍和志願軍的屍體層層疊疊，慘不忍睹，當時她嚇得撒腿就跑。

而在醫院裏的工作和學習，又勾起了她內心深處的這些不堪回首的記憶，使她在精神上受到很大的衝擊。經過反覆思考，她覺得自己不適合做醫生工作，她把自己的想法和養父母說了。養父母也覺得這是沒有辦法的事，讓她自己去選擇。

於是她辭掉了醫院的工作，到丹東絲綢廠當上了一名繅絲女工。那裏是計件工資，從蠶繭上剝出的生絲比例越多，質量越好，工資就越高。繅絲過程中要使每根生絲保持一定的繭粒數，缺粒就添緒和接緒，當生絲細到一定限度（稱為細限纖度）時即行添緒接緒。技術好的繅絲工接緒不留痕跡，生絲完成度高，質量好。

山村秀子刻苦練習工作技巧，回到家裏也堅持練習。20 世紀 50 年代，流行跳交際舞，年輕人下了班都去跳舞，但是山村秀子從來不去，回家後沒事就練習接緒。養父母就勸她說：人家年輕人下了班出去玩，你也出去玩玩吧！

但是山村秀子不肯，有一次養母特意給她買來了舞票，她還是沒有去，她想練好技術多掙錢，幫助養父母養活弟弟、妹妹們。

　　由於她特別努力，工資也掙得多，除了給養父母外，她還給六個弟弟、妹妹買衣服和鞋帽。養父母常對她說：姑娘家要多買幾套衣服，不要把錢都給我們和弟弟、妹妹。但是山村秀子知道靠養父一個人掙錢養這麼多的弟弟、妹妹不容易，因此她從來捨不得為自己花錢，自己一季一般只有兩套衣服。

　　1960 年絲綢廠停辦，山村秀子去財政局工作。1963 年，與軍校畢業生、軍區幹部尚登科結婚。

　　雖然結婚後她和養父母不再住在一起了，但是她仍然十分惦念着養父母，總是買好豐盛的食品去看望養父母。養母常對她說：從你結婚以後，我們連一輩子沒吃過的東西都吃過了。70 年代，養父患了心臟病，住進了丹東市中醫院。山村秀子那時已經有了三個孩子，自己還有工作，但是她仍然每天晚上都做好飯給養父送去，還帶去許多水果。有時單位開會，下班已經很晚了，她趕回家做好飯再給養父送去，有時時間過晚，醫院已經下班關門了，但是由於她在財政局工作，醫生、護士也都認識她，也都會給她一些方便，讓她進去孝敬養父。

　　養父出院後，她也經常回家去照顧養父。有一天，她走在回家的路上，看見養父從坡道的下面上來，一步一停，一步一喘，她連忙跑過去攙扶養父，她知道，養父的病又犯了。

　　她先把養父扶到家中，和家人一起把養父送到醫院。到了醫院，養父知道今天自己的病不同往常，他拉着山村秀子的手說：「大平呀，今晚可能是咱們爺倆最後一次見面了。」山村秀子聽了後淚下如雨，她拉着養父的手說：「爸，你不這麼說，好日子還在後面呢，你不能這樣說呀！」

在那天晚上 9 點，養父離開了人間，當時還不到 70 歲。

養父去世後，山村秀子十分悲痛，從新義州到丹東，從那充滿仁愛的南中洞大院到彈片橫飛的防空洞前，從戰火紛飛的朝鮮到艱辛度日的中國，養父用他堅實的臂膀，呵護着她和國籍不同的弟弟妹妹們，不管是出生入死還是含辛茹苦，從來沒有一句牢騷，一句抱怨，永遠是他們風雪中的依託，風浪中的港灣。他無私地為他們築起一個溫暖的家，和養母一起，給他們無邊的慈祥，無盡的愛，使他們從來沒有過孤兒的感覺，孤獨時有親人的愛，受傷後有家的溫暖……

然而父親就這樣走了，走得這樣突然，走得這樣讓人措手不及。在送走父親的路上，她似乎看見父親仍然一步一回頭，充滿深情，充滿惦念……而對她來說，這將是一種怎樣的缺失，怎樣的思念？思念在夜空中哽咽，淚水在風雪中凍結……

養父去世後，山村秀子更加關愛養母，幾乎每天回家陪着她。後來養母改嫁，並在養父去世 10 年後離開了人間。

山村秀子為養父、養母購買了墳墓，將他們安葬在一起。每年清明，她都會和家人一起給養父、養母上墳、掃墓，雖然養母在逝世 4 年以前，告訴了她自己的身世，但是在山村秀子的心中，中國的養父母是她唯一的父母。在日本戰敗的日子裏，他們以溫暖而博大的胸懷，養育着她，呵護着她，每當她來到養父母的墓前，往事都會歷歷在目，讓她不忍離去，淚飛如雨。

來日尋親

1978 年 8 月《中日和平友好條約》簽訂後，中日兩國政府經過多次研究協商，決定從 1981 年開始，由兩國政府有關部門負責，分期分批地組織

在華日本遺孤赴日尋親，山村秀子也從上世紀 80 年代末期開始尋親。

1995 年 10 月 31 日，山村秀子和 1995 年度日本孤兒訪日調查團的 67 名孤兒們一起乘坐的飛機降落在陰雲密佈的成田機場。他們被安排住在宿舍兼調查會場的東京代代木的國立奧林匹克紀念青少年綜合中心，當時的報紙對她的尋親活動進行了報道。在她到達日本之前，1995 年 10 月 24 日的《每日新聞》東京早報報道說：

> 樂秀珍，4 歲留在新義州。父親在新義州經營公司或商店，養父在這裏工作。1945 年 8 月，父親把她寄託給養父母樂克寬夫婦。當時她穿着日本童裝，外邊穿着外套，帶着鑲嵌紅地粉紅色花邊的小帽子，左手食指處有傷痕，血型 O 型。

國立奧林匹克紀念青少年綜合中心

11月2日，日本厚生省通過面對面調查，又對發表的資料進行了更正：

訂正：欒秀珍，父親為軍隊的獸醫，養父曾在日本人經營的公司裏工作，當時戴的帽子是帶有絹花的帽子，左手纏着繃帶。

1995年11月8日的《每日新聞》東京晚報報道說：

帶着「將來總要相會」的意願，父母在離別之際在身上留下印痕 —— 這次來日尋親訪問團中有這樣的中國殘留孤兒。遼寧省的欒女士（推定年齡54歲）在左手，河南省的梁萍女士（推定年齡50歲）在兩條大腿上，曾包紮着嶄新的繃帶。50年的歲月流過，現在留下的傷痕，是兩個人尋找親人的唯一的線索，兩個人都相信，她們感謝父母留下親人之證據的日子一定會到來。

欒女士與雙親離別的地方是朝鮮半島的平安北道新義州，現在屬於朝鮮民主主義共和國。

1945年，身為軍隊的獸醫的父親臨別時說：「在手掌上留下作為證據的傷痕，將來以這個傷痕為證據來找她。」那時身穿大衣的4歲的欒女士左手包着繃帶。

當時來日的孤兒都在東京代代木的國立奧林匹克紀念青少年綜合中心舉行尋親活動，報紙上報道了這個消息。有一天，來了一個年輕人，找到了山村秀子，對她說：「爸爸說你是我的姐姐。」又過了幾天，來了一位75歲的老人，他和山村秀子照了許多相，但是後來就沒有了消息。

晚年的思念

1997 年 10 月 16 日，山村秀子（當時的名字叫欒秀珍）與丈夫尙登科及三個孩子回到日本，先進入「中國歸國者定住促進中心」培訓半年，定於 1998 年 2 月 2 日到日本橫濱市定居，沒想等待他們一家的，是一場橫禍。

1997 年 12 月 13 日，尙登科因胸部主動脈瘤破裂去世，山村秀子失去了最親的親人。

光陰荏苒，白駒過隙，一晃十幾年的光陰過去，山村秀子熬過了苦苦思念丈夫的艱難歲月，進入了晚年。現在，她的三個孩子都在日本成家立業，連孫子也從日本早稻田大學畢業，在日本大公司就職，她現在一個人住在東京一座公寓的小房間中，靠日本國家發給的戰爭孤兒生活費生活。

2014 年 9 月的一天，筆者來到山村秀子家。這裏雖然房間窄小，但是收拾得整潔、雅緻。

在這裏，她向筆者講起了她所經歷的歷歷往事，新義州的大院，鴨綠江的戰火，慈祥的養父，溫柔的養母，養父母與各國孤兒組成溫暖的大家庭，還有至今仍然夜夜入夢來的恩愛的丈夫。所有這些，都來源於她的異國，但是都給予過她無限深情，無疆大愛，令她在孤獨的祖國隔海西眺，望眼欲穿。「旅雁孤雲，萬里煙塵，回首中原淚滿襟。」她分不清哪裏才是真正的祖國，哪裏才是真正的故鄉，「碧山對晚汀洲冷，楓葉蘆根。日落波平，愁損辭鄉去國人⋯⋯」

從此以後，
沒有任何力量會把她們的心分開，
不管千山萬水，
無論地老天荒，
她們都會永遠地互相牽掛與思念……

第五章

我是中國養父母的寵兒

——日本戰爭遺孤鈴木靜子與她的中國養父母

2009 年 11 月 9 日，哈爾濱市南崗區東大直街正明錦江大酒店陽光餐廳裏，由哈爾濱紅十字會組織的日本遺孤慰問養父母活動正在隆重舉行，來自日本的遺孤代表團的 55 名成員向哈爾濱的 6 名日本遺孤的養父母致以衷心的祝福和問候。

從日本戰敗算起，64 年的歲月過去了，當年的孤兒們都已年過花甲，白髮蒼蒼，而他們的中國養父母，大多已經相繼過世，當年在哈爾濱的只有 6 位在世。

回想在戰敗的混亂中，中國養父母用他們寬闊而溫暖的胸懷擁抱了，撫養了他們這些生死無告，掙扎在疾病與飢餓中的孩子，他們不由得淚流滿面。

在陽光餐廳正面設置的主席台上，懸掛着「日本遺孤感謝中國人民養育之恩訪華團交流會」的巨幅會標。大會主持人、中國歸國者東京聯絡會副會長清水文雄手持話筒高聲宣佈：「遺華孤兒感謝中國養父母養育之恩大會現在開始開會。」

他說：我們遺華孤兒訪華團懷着對中國人民、中國養父母的感謝之情，以及對哈爾濱市政府、哈爾濱紅十字會、省出入境管理局、哈爾濱養父母聯誼會的感激之意來到哈爾濱，向你們表示衷心的感謝和慰問，並向你們致以崇高的敬禮！

接着他向到場來賓一一介紹了出席單位及到場人員。

中國歸國者東京聯絡會會長、訪華團團長池田澄江向在大會上發言，她說：「親愛的養父母、你們一定很想念遠方的兒女們吧？我們也很想念你們，今天，我們來看望您來了。」

說到這裏，池田澄江眼裏含滿了淚水，養父母們那皺紋縱橫，飽經滄桑的臉上更是老淚縱橫，遺孤們坐在養父母身邊，早已泣不成聲，兩代人汩汩

的淚水，流進靜謐的時間，歷史的湍流⋯⋯

在會場上，遺華孤兒洪靜茹（鈴木靜子）正緊緊握着中國養母、86歲的沙秀清的手，淚眼迷離。記憶伴着淚水，走回中年，看到童年，看到那個給予她第二次生命的家的淡藍色炊煙，不論風霜雪雨，無論寒冬酷暑，那個家，那個樸素而溫馨的家，永遠給予她安慰，給予她祝福，給予她快樂，那裏有愛她勝過一切的中國父母，那裏有不需要血緣，卻勝過血緣的骨肉之情，那是不問恩仇，只有奉獻的深沉的愛⋯⋯牽着爺爺的手，留在牡丹江畔那一串串童年的腳印，回家的父親，沒有來得及撣掉身上的飛雪，就把一個香噴噴、熱乎乎的燒餅遞到她的小手上，穿上媽媽剛剛做好的嶄新的棉襖，歡快地跑進除夕的爆竹聲中⋯⋯這一切一切都是那樣熟悉，又似乎那樣遙遠⋯⋯那是刻心銘骨的記憶，是永遠流動在心扉的懷念⋯⋯

孤兒成寵兒

1946年初夏，牡丹江省寧安縣東京城車站附近的日本難民收容所裏空氣濕熱，那裏收留了許多日本的婦女和兒童。

在戰爭尚未完全結束的混亂中，日本難民收容所裏食品及生活供應短缺，負責看守的蘇聯紅軍士兵允許中國百姓把日本兒童帶走領養。日本的母親們哭疾號寒，自身不得其顧，也有很多人希望給孩子們找一個吃得飽穿得暖的地方。這樣，許多中國人把一些掙扎在病餓之中的兒童領回自己家撫養。

當時鈴木靜子的母親帶着她和兩個哥哥住在收容所裏，母親已經病倒，兩歲的鈴木靜子也病了，什麼時候歸國渺無音信，一家人掙扎在病餓之中。

有許多中國人也來難民避難所賣東西。有一天，14歲的中國小姑娘沙玉珍和表哥楊志傑一同沿街賣燒餅，賣了一會兒就轉到了車站前的日本難民

收容所裏看熱鬧。她們看到了鈴木靜子正和母親一起躺在地上，病餓交加，十分可憐，鈴木靜子皮膚白皙，睜着圓圓的、黑亮的大眼睛，生得十分可愛。沙玉珍想起堂姐沙秀清不久前剛剛生下一個女兒，卻患上了瘧疾死去了，姐姐整天思念女兒，傷心落淚。現在大家都在紛紛把日本孩子領回家撫養，如果把這個漂亮、可愛的女孩抱給姐姐，她一定很高興。她和表哥商量了一下，徵得了鈴木靜子的母親和管理難民所的蘇聯兵的同意，把鈴木靜子抱了出來。鈴木靜子的母親還給沙玉珍寫了一張紙條，上面記載着鈴木靜子的出生日期：「1944 年 4 月 24 日」。

堂姐沙秀清命苦，3 歲喪母，7 歲喪父，和哥哥相依為命，後來被姓洪的人家收養，16 歲的時候嫁給洪家的二兒子，在牡丹江東四條路的飯店「國民全勝」當夥計的洪萬銀。

洪萬銀家是一個大家族，他和父親、母親、一個哥哥、三個弟弟一起生

鈴木靜子（左）與中國養母沙秀清（中）在哈爾濱
石金楷攝影

鈴木靜子與丈夫攝於 1968 年
鈴木靜子提供

活。堂姐當時 19 歲，生下的女兒死去，全家都很傷心。沙玉珍抱回來一個可愛的女孩，一家人很高興，尤其是堂姐沙秀清，抱着鈴木靜子不肯放手，覺得這個可愛的女孩給她帶來了撫慰。

老二家得了女兒，整個大家族都很重視，當晚全家開會，商量給這個孩子起個名字，經過一番討論，決定大名叫「洪靜茹」，小名叫「帶弟」——希望她能給老二洪萬銀家帶來福氣，讓二媳婦給這個女孩多生幾個弟弟。

鈴木靜子很快成了這個大家族的寵兒，不僅養父、養母喜歡她，爺爺、奶奶、叔叔們也都很喜歡她。當時戰爭剛剛結束，食品緊缺，屬於奢侈品的牛奶、大米更是奇貨，而養父洪萬銀想方設法弄來牛奶和大米等給鈴木靜子

吃，還要避開人們的眼目——給敵人的孩子如此費心費力忙裏忙外會招來指責和白眼。沙秀清回憶起當時的情形說：「靜茹當時非常瘦，嚴重營養不良。那時家窮，吃不上喝不上，但是她爸爸和爺爺時常買幾個雞蛋或是一點牛奶給她吃小灶。」

由於鄰居們都知道鈴木靜子是日本孩子，風言風語不少，一家人感到這樣下去對孩子成長不利，因此在 1946 年當年，舉家搬遷到哈爾濱大觀園 120 號居住。當時他們住在一個大院裏，一家人租了一棟小樓，洪萬銀夫婦帶着鈴木靜子住在東樓樓上；爺爺和叔叔們住在樓下。

鈴木靜子到了洪萬銀家裏後，真的帶來弟弟。1947 年以後，沙秀清又生了兩個男孩和兩個女孩，但是只有一個弟弟活了下來，其他三個孩子都因病死去。到了 1965 年，養母又生了一個妹妹。

鈴木靜子說：那時全家人雖然經歷了很多不幸和變故，但是都一直很疼她。記得那時她長得又白又胖，有時和養父母一起住，有時候和爺爺、奶奶一起住。爺爺很喜歡她，到那兒去都領着她。爺爺當時沒有工作，經常做點小買賣，賣點仁丹、雞蛋什麼的，她總是跟着爺爺去，也幫着爺爺看攤。記得那時家裏人都愛看京劇，有一次全家人一起去看京劇，也帶着她，可她不小心摔了一跤，把胳膊摔斷了，全家人都很緊張，張羅着送她去醫院，結果一家人誰也沒看成戲。

家裏雖然很貧窮，但是全家人都和和氣氣。到過年的時候，養母都給她做新衣服、新鞋，等她長個了，就把她的花衣服用染料染一染，給弟弟穿，弟弟總是穿她穿剩的衣服。

養父常買來一些好吃的回來，因為院子裏孩子多，加上窮，不能每個孩子都有份，因此養父總是偷偷遞給她一些好吃的。

有好吃的東西的時候，媽媽總是給她和弟弟各分一份，她不在家時，養

母就把東西藏在帽筒裏，因為弟弟頑皮，一回家來就到處找好吃的，養母怕她的一份也被弟弟吃掉，因此藏得很祕密，等她回來時給她吃。

1953 年，也就是鈴木靜子七歲的時候，家裏送她到哈爾濱十二道街國民小學讀書。她記得上學的時候養母總是把她打扮得漂漂亮亮的，上學前給她梳小辮。

這一年的一天，公安局的人來到了她家，說要和養母談點事情，把她支了出去。但是她在門外，聽到了警察與養母的談話。

警察說：「她是你的女兒嗎？」

養母說：「是的，這是我大姑娘。」

警察說：「不對，這不是你的孩子，這是日本孩子，讓她回國吧。」

養母說：「那不行，我們都有感情了。」

警察沉吟了一會兒說：「不讓她回國也可以，因為我們調查了，她的父母都死了。」

鈴木靜子知道了自己的身世後很震驚，但是一家人待她比親人還親，一聽說要送她回日本，她感到很害怕。

1958 年她到了上初中的年齡，當時家裏條件不好，一家人住在 8 平方米的小屋裏，她只好到離家不遠的航運局的院子裏複習功課。牡丹江從航運局的院子裏通過，她坐在江邊的椅子上，每天複習到晚上 10 點才回家。

考試時她發揮得很好，全部考題都答上了，結果考上了她所志願的哈爾濱第二十七中學。

1958 年，中國大地掀起轟轟烈烈的全民大煉鋼鐵運動。

各家各戶的鐵鍬、鐵門栓、鐵鏟子、鐵勺子、鐵鍋、舊鋤頭、廢爐子、破斧頭、廢鑮頭以及火盆、鑰匙、飾品等帶鐵的器具等，都投進高爐。

當時政府認為：要想把廣大婦女從繁重的家務勞動中解放出來，參加有

益的社會勞動，如果不辦好集體福利事業，那是得不到保証的。因此，發動群眾大辦集體福利事業，提出吃飯食堂化、縫紉機械化、嬰兒托兒化等口號。

那時鈴木靜子正在唸初中二年級，學校裏的學生和老師都被動員去大煉鋼鐵，白天煉鋼，晚上上課。

養母也被動員出來參加工作，擔任街道上的「新興食堂」的領導，還擔任過「新興幼兒園」園長、「新興童鞋廠」廠長。

鈴木靜子白天煉鋼，晚上上學，加上家裏人都忙，沒時間照顧她，因此飯也吃不好。帶兩個大餅子就急匆匆地去煉鋼、上學，勞累困頓，不久就病倒了。

奶奶看着孫女這個樣子很不放心，正好當時養父工作的哈爾濱第四百貨公司招人，奶奶就對她說：「你爸那裏招人，你去那兒去工作吧。」

偽「滿洲國」時的哈爾濱
偽「滿洲國郵政明信片」

街ヤカスイタキるむ極を華繁（賓爾
THE KITAISUKAYA STREET (HARHPIN

鈴木靜子聽了奶奶的話，到百貨公司去應招，百貨公司接納了她。這樣，在她年僅 16 歲的時候，就成了第四百貨公司的一名職工。

百貨公司裏的「六好職工」

參加工作以後，鈴木靜子工作非常努力，她白天工作，晚上努力和老職工學習業務，幹了一年就轉正了。由於她工作成績和服務態度都非常好，在一起參加工作的 340 名新職工中很拔尖，因此定工資給她定為 37.5 元，在這 340 名新職工中只有 3 個，其他都是 34.5 元，當時她還不滿 18 歲，算是掙得很多了，她還多次被單位授予「六好職工」的稱號。

雖然工資較高，但是她自己從來不亂花錢，她把工資中的 30 元交給養母，5 元交給爺爺、奶奶，自己只留 2.5 元，而吃的穿的都由養母來安排。

1967 年，在她 24 歲的時候，與哈爾濱太平運輸公司的司機，也就是她現在的丈夫結婚，婚後生活非常和睦、幸福。

結婚的時候，她捨不得離開家，奶奶就來到她婆家住了一個多月，直到她漸漸地習慣了婆家的生活。她從 16 歲起就參加工作，因此家務活、針線活都不會做，家裏的針線活都由養母來幫忙。生了兩個兒子後，為外孫子做衣服及縫縫補補的活也都由養母來做。母親解除了她的後顧之憂，使她一心撲在了工作上，多次被商店裏評為「標兵」和「勞動模範」。1980 年，她被評上「十大標兵」之一，單位裏的人讓她戴着大紅花，敲鑼打鼓把她送到家，使左鄰右舍的人們嘖嘖讚歎。

儘管工作很忙，她還是經常回娘家看爸爸、媽媽和爺爺、奶奶，過年過節送去錢，平時帶去水果和雞蛋等。

1975 年，養父得病住院了，她擔心爸爸牙口不好，就買來高壓鍋和十

斤牛肉，燉的爛爛的，起大早坐第一班公共汽車給父親送去，然後再趕到百貨公司上班。雖然領導知道她父親有病，她趕大早去看父親，都對她說：晚來一點也不要緊，但是她從來沒有遲到過。

怎奈牽掛是永遠

1972 年，中日邦交正常化之後，開始辦理日本遺孤回日本尋親事宜。1985 年，市公安局外事辦的兩個人來到第四百貨公司找鈴木靜子談話。鈴木靜子看見來了兩個警察，嚇了一跳，以為是兩個兒子惹了什麼禍。

市公安局外事辦的人問她願不願意知道自己的身份。其實鈴木靜子早在 1953 年警察去她家的時候就知道了自己的身份，而在商店裏，她一直是「六好職工」、「標兵」、「勞動模範」，單位裏多次要提拔她做幹部，也多次培養她入黨，但是報上去以後都沒有批下來，她猜想肯定與自己的身份有關。公安局外事辦的人還動員她尋親，找到自己生身父母或其他親人。

這樣，1988 年 11 月 28 日，鈴木靜子一家四口辦好了回日本的手續，養父母一家都來給他們送行。

在哈爾濱正明錦江大酒店日本遺孤慰問養父母活動會場，前來和女兒見面的沙秀清回憶說：「我們全家人都去過女兒家，我們坐在那兒，都不說話。一說話就是哭，幾十年的感情啊！」回憶往事，沙秀清忍不住流下了熱淚，在一旁的洪靜茹也是熱淚盈眶。

回到日本後，孤兒們一般都過了學習語言的年齡，難以融入日本社會，一般生活都比較困難，但是鈴木靜子一直惦記着養父母，為了隨時能聽到養父母的聲音，她出錢給養母家安裝了電話。她還經常給養父母郵寄錢物。沙秀清：「當時咱們這裏還不多見的冰箱、彩電、錄像機，女兒都給我買來

了。每次回來還給我錢。」

2009 年，沙秀清的小女兒患癌症入院，需要動大手術，但由於小女兒下崗，家庭比較困難，拿不出錢來。鈴木靜子得知這個消息後，立刻寄回去 100 萬日元為妹妹治病，使妹妹得以痊癒。100 萬對於當時的歸國孤兒來說，是一筆數目不小的巨款。養母激動地打電話來說：「靜茹，是你救了你妹妹的命呀！」鈴木靜子說：「媽您可別這樣說，如果沒有你們救我、養我，我早就沒命了，沒有你們就沒有我的今天，這個恩情我永遠也報答不完。」

1991 年，養父因病去世了，養母怕鈴木靜子剛回日本不久，沒有回國的路費，沒有告訴她，後來她得知這個消息後難過了很久。1991 年秋天，日本厚生省招待中國養父母到日本探親、參訪，養母也來到了日本。當時鈴木靜子在日本三幸株式會社做清掃工，公司聽說她的中國媽媽來了，特意給了她半個月的假，她陪養母看紅葉，洗溫泉，飽覽日本美麗的秋色。

1999 年，她還自費接養母和妹妹來日觀光，他們一家在鈴木靜子丈夫所工作的公司的社長的陪同下登上了富士山，並走訪了日本關東各處名勝。

2013 年，89 歲的養母與世長辭，鈴木靜子全家回哈爾濱，和弟弟、妹妹一起為母親修墳墓。

如今，鈴木靜子已經 76 歲了，她和丈夫一起過着樸素而幸福的生活，而中國的養父母，似乎從來沒有離開過她。她的家裏，擺着一張大照片，那是她回國時和養母一起照的。她把一個甘甜的橘子剝好遞給母親，而母親望着她，那目光，和 76 年前一樣，慈祥地落在她的身上，那是一種超越恩仇，超越國界的溫暖的家的接納與母女深情的確認。從此以後，沒有任何力量會把她們的心分開，不管千山萬水，無論地老天荒，她們都會永遠地互相牽掛與思念……

每當她回到中國為養母掃墓，
她都會在養母的墓前淚如泉湧，
她反覆在心裏對養母說：
您是我永遠的，也是唯一的母親。

第六章

您是我永遠和唯一的母親

——記日本戰爭孤兒吉長桂子與她的中國養父母

2014 年的一個冬日，我在東京都潮見的一座高層公寓裏，見到了已經 75 歲高齡的日本戰爭孤兒吉長桂子，我們談起了她在中國度過大半生的日子，談起了她的中國養父母，她不停地擦拭着熱淚說：「談起養父母，我總是要流淚。在長春出卡子的時候，多少父母出於無奈，不得不拋棄自己的親生兒女，而我的養母忍着飢寒，把僅有的一點糧食給我吃，到帶我走出卡子，這樣的深恩，是我永遠也無法報答的。」

　　隨着她娓娓道來，我似乎與她一起回到了幾十年前冰雪覆蓋的長春，一起尋找着她的足跡，她的生活及她與中國養父母相依為命的感動。

生離死別

　　1945 年 8 月 15 日，日本天皇發佈投降詔書。18 日下午，關東軍司令部向所屬部隊下達了投降命令。

　　8 月 16 日，天皇發佈了由大本營草擬，天皇對陸軍發出的《大陸命第千三百八十二號》的命令，要求各部隊立即停止戰鬥行動。

　　在關東軍司令部裏，司令官山田乙三無奈解下隨身攜帶的象徵着指揮權的軍刀，雙手捧起交給了阿爾捷緬科上校，並在阿爾捷緬科上校準備好的投降書上簽字，宣佈無條件投降。隨之長春 1.5 萬名守軍被解除武器，關東軍將領 164 人，校官以下軍官和士兵 59.4 萬人投降，同天，蘇軍又向瀋陽、吉林等實施了空降，在瀋陽俘虜了準備飛往日本的溥儀。

　　與此同時，蘇軍地面快速支隊也分別進入吉林和齊齊哈爾。東西對進的蘇軍快速支隊也勢如破竹，分別進入瀋陽、哈爾濱和「新京」。

　　「新京」失去了以往的秩序，站前廣場塵土飛揚，哭喊聲、叫罵聲響成一片。準備逃難的日本人和「滿州國」的達官顯貴擁進站前廣場，而火車和

車站早已在蘇軍的控制之下，一隊隊蘇軍士兵擁進了站前廣場，有的士兵手持「波波沙」輪盤槍向空中放槍。廣場頓時大亂，逃難的人們東奔西竄，母親找不到孩子，孩子找不到媽媽，有的家庭從此竟成永訣。

蘇軍這次對日宣戰，由於下令倉促，因此兵員不足，臨時放出許多囚徒充軍。有的正規部隊軍紀好些，而一些雜牌軍軍紀不好，他們看到自己喜歡的東西就順手奪來，也有姦淫日本婦女和中國婦女的不逞之徒。

吉長桂子 1939 年 10 月生在日本，但是她已經記不得自己生在日本的什麼地方，只記得在她五六歲的時候，日本繼母帶着她和姐姐們到長春來找作為軍人出征的父親，但是他們來到中國時，正值日本戰敗，她和母親及哥哥、姐姐們在坐火車前往長春的途中，有時會遇到飛機的轟炸，媽媽領着他們幾個孩子趴在鐵道旁邊一動不敢動，轟炸機飛走後火車再開。

到了長春，正是我們上述的那種混亂情景。他們一家一路上顛沛流離，已經十分疲憊，好不容易按照父親寄回日本的地址找到父親部隊駐紮的地方，那裏的日本軍人早已不見了蹤影，聽說父親也已經被轟炸機炸死了。

他們好不容易在長春租了一間房子落下腳，但是語言不通，又是戰敗國軍人的家屬，怎樣生活下去？怎樣把這幾個孩子養大？繼母實在是沒有了主意。

有許多被拋棄的無依無靠日本人婦女，為了活命，嫁到中國人家裏做媳婦，筆者小時候的鄰居中就有那時嫁給中國人的媳婦，而孩子們也紛紛被送到中國人家收養。

吉長桂子的繼母不忍看孩子們啼飢號寒，只好讓中國人領走了大一點兒的幾個孩子，只留下了最小的吉長桂子。母女倆在當時的一片混亂中，生活越來越艱難。鄰居的一位叫姓邢的中國人同情他們的處境，他勸吉長桂子的繼母，把已經餓得瘦弱不堪的吉長桂子也送給的中國人。這樣，在邢秀峰的介紹下，繼母把吉長桂子送到了長春東四道街的大車店的老板馬寶財夫婦做養女。

母女情深

　　馬寶財當時 50 多歲，妻子趙玉賢比他小 10 歲左右。

　　馬寶財一直以開食品、雜貨的小鋪為生，由於他經營有道，漸漸地殷實起來，就買了一個大院開了一個大車店。

　　大車店是一種中國傳統民間旅舍，主要見於東北。一般設置在交通要道和城關附近，主要功能是為過往行販和趕畜力大車的車老闆提供簡單食宿，並為運輸用牲畜提供馬廄和飼料，一般設有行販和車老闆宿泊的房間和能容納多匹牲畜（馬、驢、騾子等）的馬廄，客間多是沒有間隔的大間，南北大炕，設施簡陋，費用低廉。

（新京）日本陸軍最高機關　關東軍司令部
偽滿「滿洲國郵政明信片」

部令司軍東關　關機高最軍陸本日（京新
STATELY FORM OF KANTOGUN HEADQUARTERS, HSIN

View of Hsinking Station, Hsinking.　　　觀麗の驛京新（京新）

「新京」車站
當時發行的明信片，愛知大學國際中國學研究中心（ICCS）所藏

館使大國帝本日　るた樓卓御（京新）
FRONT VIEW OF NIPPON EMBASSY, HSINCHING.

日本駐偽「滿洲國」「大使館」
偽「滿洲國郵政明信片」

大車店一般每隔幾十里地就有一家，一般都按古代驛站 40 里左右設置，佈局上有點像清代的驛站。一到秋收和過年時，五輛十輛馬車組成的「車隊」也十分常見，經營有方的大車店買賣十分興隆。

由於大車店的周圍客流量大，因此帶動了好多其他產業的發展，如給馬掛掌的鐵匠鋪、小酒館、修補輪胎鋪、車馬用具鋪、草料鋪、麻袋麻繩鋪、說書賣藝的小茶館、妓院等，還有賣煙捲、賣瓜子、賣豆麵糖、花生米等小生意的流動小販。每到晚上，大車店四周通常燈火通明，熙熙攘攘，人喊馬嘶，叫賣聲和賣藝的絲竹管弦樂聲此起彼伏，非常熱鬧。

現在東北以「xx 店」命名的地方，一般都來源於以往的大車店，如瓦房店、范家店、姜家店、郭家店等。

當年馬寶財的大車店是一個佔地幾百平方米的大院套，西邊有一溜馬棚子和料房，東邊是客棧。

大車一進院，早有小夥計熱情地迎上來，喊：「客 —— 到 —— ！拴 —— 馬 —— ！」

於是立刻有人過來，接過車老闆大馬鞭子，幫着車老闆卸車、牽馬、入馬廄、拴馬，另一邊的夥計則忙着切草料、泡豆餅，給牲口餵料、餵水。還有人跑過來給車老闆鋪炕、打洗腳水、溫白酒、買下酒菜、買戲票等。

馬寶財夫婦生有一子，比吉長桂子大 8 歲，而夫婦兩人都十分喜歡閨女，因此就領養了吉長桂子。他們經營的大車店買賣興隆，因此當時生活比較富裕，還僱了一名日本傭人。

吉長桂子記得當時養父的家附近有一個大教堂，該教堂位於東四道街 106 號，現在是吉林省文物保護單位，叫做「長春大教堂」，又稱「德樂薩教堂」。

吉長桂子到了養父母家後，他們給她起名叫「馬桂雲」。初到這裏，她感到十分陌生，她說：

我被送給養父母的時候已經五六歲了，懂事了，也記事了。記得當時我的日本母親（後來聽說是繼母）領我到養父母家說是串門，在我不注意的時候，母親就不見了。我見不到母親就哇哇大哭，喊着要媽媽。當時走過來一位日本婦女來跟我說：你母親要回日本了，帶你回日本很不方便，你看，他把你送給這位中國母親了，她是中國人。我聽罷更加放聲大哭了，只抓住這位日本婦人不放，不和養母家的人接觸，我也聽不懂他們的話。

吉長桂子因為不會說中國話，只能和日本女傭人交流，她一刻也不離開日本女傭人，晚上也和她睡在一起。

1945 年 7 月 17 日，美、蘇、英、中等同盟國在波茨坦召開會議。會議規定，日本軍隊在完全解除武裝後，包括家屬和日本平民都將被允許返鄉。

1946 年 5 月 7 日，停留在葫蘆島港口的 2489 名日本僑民作為遣返的第一批人員，在輪船的汽笛聲中離開了葫蘆島港。1946 年至 1948 年，中國國民政府將東北地區大部分日僑與侵華日軍俘虜集中在葫蘆島進行遣返，總人數超過 100 萬。

馬寶財家的日本傭人也在日僑大遣返時回國了。

日本女傭人走後，吉長桂子再一次陷入一片陌生和痛苦之中，在無法進行交流的陌生的語言環境中她陷入混亂，每天十分焦灼，而養母非常耐心地接近她，呵護她，並努力和她交流。吉長桂子說：

> 我沒有親近和交流的人，傷心、生氣甚至憎恨養父母。我從小就是一個倔強內向的性格，從此不吃不喝，躲在角落裏抹眼淚。養母抱我哄我，我掙踹，養母指着擺在我面前的好吃好喝用從日本

傭人那裏學來的日語說:「米西」、「米西」。開始時，我不是一「縱塔」就是一扭臉，表示抗拒。但是，一個五六歲的孩子能夠長時間忍受飢餓是難以置信的，實在餓的不行了，趁人不注意就抓點吃的塞在嘴裏。養母看到東西少了，知道被我吃了，臉上露出了笑容，再把少的添上擺在那裏。晚上養母哄我上牀睡覺，我倔強着不去，困的實在不行了，就「栽歪」在旮旯睡着了。這時養母就會心疼小心地把我抱到牀上，脫掉衣服蓋嚴被子瞅着我睡，看到我夢中哭泣她也在旁抹眼淚（這都是跟養母關係好後養父跟我說的）。就是這樣，養母也一次沒申斥過我，嚇唬過我，更不用說打我了。其實養母並不是一個性格溫柔沒有脾氣的人，我曾記得一次哥哥在外面跟人打架，被人找到家來，養母不由分說抓起雞毛撢子劈頭蓋臉一頓打，血順着臉往下流，而養母為什麼對我這麼好？多少年後我聽我二舅媽說：養母就稀罕女孩，因病不能再生，所以收養了我，再一個養母曾跟她說過，孩子多可憐，孤苦伶仃沒有親人，我怎麼忍心捨得打她？我收養她她就是我的親閨女。就這樣養母耐心地每天想着法的哄我玩，有什麼好吃的都給我，常帶我到街上買好吃好玩和我喜歡的衣服。(見《中文導報》，1026 期，30 版。以下本章引文均出於此)

在養母耐心的呵護下，吉長桂子和養母一家的心理上的隔閡越來越少了，她也學會了許多中國話，但是她就是不肯管養母叫「媽」。最後養母無微不至的愛心終於感動了她，她說:

　　養母是一位非常有耐心的人，不管我管不管她叫媽，她都對我無微不至地關心、愛護，竭盡全力和我交流。其實隨着我在養母

家的生活的日子的延續，我記住了很多中國話，早就知道「媽」就是「母親」的意思，我對這位善良的中國母親也逐漸有了親近感。有一天，養母坐在窗台上乘涼，望着外面不知是在想什麼？望着她，我突然感到一種十分親切的感覺，我突然大喊了一聲：「媽！」我養母當時大吃一驚，她望着我問到：「你剛才叫我什麼？」我接着又竭盡全力喊了一聲：「媽！」養母吃驚地望着我，高興得好像是從窗台上跌了下來，她一把把我緊緊地抱在懷裏又親有喊：「俺閨女會叫媽了！」「俺閨女會叫媽了！」然後還不停地親我，「寶貝」、「寶貝」地叫個不停。

養父馬寶財也是一個很慈祥的人，他經常領着吉長桂子出去玩，給她買她喜歡吃的東西。吉長桂子記得她那時候最願意吃一種豆麵糖，養父就經常給她買這種糖吃。

養父喜歡看戲，當時長春有許多戲園子，露天賣藝的藝人們也經常到四道街演戲。離她家不遠的四馬路就有一家叫做「侯家戲園子」的劇場，佔地面積約 200 平方米，是一家挺像樣的戲園子。一些京劇名角常在這裏登台，還有些變戲法的、唱評劇的、演「三花臉」、鬼戲、演地方戲的演員都以在這裏登場為榮，當時來侯家戲園子「趕場子」的有一個出名的變戲法大師叫張耀庭，他最拿手的把戲是《仙人摘豆》，名目繁多，什麼《一粒下種》、《三仙歸洞》、《紅豆相思》等等出神入化。他時常用五個豆子在碗之間閃來閃去，最後把 5 顆豆子放進碗裏蓋好再猛地打開，生出滿碗豆子，再不就是把幾個黑豆吃進了嘴裏，然後晃一晃腦袋，把那些豆從他的耳朵眼兒裏掏出來，讓觀眾稱奇喝彩。

養父看戲時也一定帶着吉長桂子。她喜歡看戲台上的小姐、丫鬟等角

色，也喜歡看魔術，但是有時候也有「鬼戲」，「鬼戲」中也有魔術的要素。她記得有一次看見台上有口大棺材突然豎了起來，戲中人把腦袋掛到了棺材上，嚇得她直往戲園子外邊跑，養父急忙追了出去。那以後，養父就再不帶她去看那種有可能使小孩害怕的戲了，專挑她喜歡的劇看。

百萬蘇聯紅軍出兵東北後，8月15日，日本無條件投降。8月17日，偽滿洲國皇帝宣佈退位。9月20日，蘇聯紅軍進駐長春，成立了長春衛戍司令部。

長春市位於東北大平原中部，地勢平坦，交通方便，是當時東北地區最大的都市，戰略地位十分重要，為此國共兩黨在此展開了激烈的爭奪戰。

在反反覆覆的國共拉鋸戰中，當時的公立學校很難恢復正常教學，而馬寶財夫婦不忍看着吉長桂子成為文盲，就把送到私塾裏讀書。私塾離她家很近，先生要求得很嚴，不僅教她讀書認字，還要求她背誦《百家姓》、《千字文》、《三字經》等中國傳統的兒童啟蒙書。

這些對她來說都是很難學會的。

養母為了幫助她學習，經常給她講故事，讓她猜謎語。吉長桂子回憶說：

> 日常生活中，養母用言行教我怎樣做人和生活技能。比如針線活，養母說女紅不行，會被人瞧不上，到婆家也會受氣。養母教我拆洗、縫補、納鞋底、上鞋和刺繡等婦道。結婚後，丈夫和孩子的夏冬便服和鞋等我都做過。
>
> 養母還是一位有一定素質和幽默感的人，不是枯燥地只教我幹活，常常給我「講古」（講故事）和「破昧」（猜謎），想着法兒的逗我開心。舉一小例子，一天養母看我發悶，喊我，「來媽給你破昧兒猜。」我一聽來了精神，趕緊坐在養母盤着的腿上歪頭等着。

「十個老哥上毛山，八人勤快兩人閑，雪花飄飄在眼前，是什麼？」我迷惑地搖頭表示猜不着，養母就雙手撓頭問我：「這是什麼？」我「啊」地一聲說：「你把指頭說成老哥啦！」養母笑着說「我若說手指頭那還叫味兒嗎？」我沒猜着不甘心，纏着養母說：「這個不算，再破，再破！」養母說：「好，再給你破一個。三角四角滴溜溜圍，冰涼梆硬熱呼粘……」沒等養母說完我就喊：「膏藥。」這個簡單，我又看見過膏藥。養母親一下我的臉蛋表揚說：「我閨女聰明。」我有時也逗養母開心。一天我把一段刀魚刺貼在牆上喊養母：「媽！媽！你看那大錢串子。」養母拿笤帚就去拍，我在旁拍手「嘿嘿」一樂，養母知道是我逗她，一戳我的腦門：「你個嘎丫頭！」但是我看得出養母心裏樂滋滋的。現在想想，就是在這日常平淡的生活中，我沉浸在充滿了母愛的溫馨、幸福中。

九死一生

1947 年，東北人民解放軍在夏季、秋季和冬季攻勢中，取得重大勝利。1948 年 3 月 13 日，東北人民解放軍攻佔四平，切斷長春與瀋陽的聯繫，長春成為一座孤城。5 月 23 日，東北人民解放軍兵臨城下，將長春團團圍住。

開始圍長春時，還能買得到一點東西吃，但是已經非常昂貴，當時有錢人家的一架鋼琴能換 80 斤高粱，但到 7、8 月，市裏基本上沒有了糧食，高粱米一斤 4 萬餘元，簡直就是天價。

當時國民黨的地面交通都被切斷，只能從空中空投糧食。有一天，突然一陣「轟隆隆」的馬達聲響起，幾架綠色的國民黨飛機在天空滑過，卡子外立刻瞄準這些飛機，一陣猛烈的機槍掃射與炮擊，飛機為了逃過槍炮的射

程，東拐西繞並拚命向空中拔高，歪歪斜斜掙扎着飛進長春城裏，投下一些裝滿糧食和物資的麻袋。

「嘟嘟嘟……」一陣哨子響，一隊國民黨兵迅速跑了過來戒嚴，步槍上上着明晃晃的刺刀。

老百姓也瞪着眼睛等着糧食落下來，一個袋子「咕咚」一聲掉在地上，人們一窩蜂地撲上去，手裏拿着小刀子，小簸箕等，他們用刀子在麻袋上亂扎，抓起流出來的糧食就往嘴裏塞，有的裝了一小簸箕就往家裏跑。

國民黨兵也都跑了過來，看見搶糧的老百姓就會鳴槍。

7月下旬，蔣介石電令守備長春的東北剿總副司令鄭洞國，從 8 月 1 日

偽「滿洲國」時代長春的繁華街
偽「滿洲國郵政明信片」

街人洲滿 るむ極な華繁も最 （京 新）
MANCHURIAN STREET IN WALLED OUARTERS, HSINCHING.

偽滿洲時代的「新京大同大街」，為當時的主要街道
偽滿時代的明信片
愛知大學國際中國學研究中心（ICCS）所藏

偽滿時代長春（新京）南廣場
偽滿時代發行的明信片

第六章　您是我永遠和唯一的母親　│　159

起，疏散長春哨卡內人口，只准出卡，不准進卡。而從城內湧出的大量難民給解放軍的圍城工作帶來了很大壓力，如果把老百姓全部放出去，城內糧食就會成國民黨軍隊專用，守城時間會拖長。但又不能讓老百姓在國共兩個卡子之間走投無路餓死，所以 9 月 11 日後，中國人民解放軍東北軍區司令部指示圍城部隊每天分一部分市內飢民出封鎖線，這也叫「出卡子」。

當時吉長桂子只有 8 歲。解放軍困長春後，也沒有大車進城了，家裏斷了經濟來源，生活變得十分苦難。養父馬寶財連餓帶病，不久就去世了。養母帶着吉長桂子與哥哥、嫂子靠存下的一點兒糧食度命。

吉長桂子的哥哥 15 歲結婚，嫂子當時已經懷孕。養母把僅剩的一袋黃豆炒熟，每天給幾個孩子分，每人一天一把豆，只是嫂子有孕在身，每天分給兩把。當時吉長桂子還小，不理解為什麼只給自己一把豆，卻給嫂子兩把。養母就耐心地對她說：「你嫂子肚子裏有你小姪子，她不多吃點兒，你小姪子就會餓死的。」

在嫂子生下小孩的第三天，養母決定帶着他們「出卡子」，因為僅有的一點兒黃豆也剩不多了，再這樣下去只能等死。

養母帶上幾個孩子，帶上一點家裏的細軟和剩下的一小袋黃豆，從長春徒步走向范家屯解放區。一路上，吉長桂子幾次蹲在地上說累得走不動了，不想再走了，而留在這樣的荒野上就是死路一條，因此養母非常着急，她連嚇帶哄，好歹把她拖出了「卡子」。

吉長桂子說：

> 在等待放卡子的荒野中，養母這一小袋黃豆救了我們的命，全靠這一小袋黃豆，使我沒有餓死在卡子外的荒野中。我們的命算好，第三天我們就被放出去了。到了解放區，吃的是沒問題了，但養母在這

方面很有經驗，不讓我們馬上就吃乾的，要我們先喝稀粥，不要吃得太飽，等胃慢慢適應了再吃乾的，慢慢吃飽。因為餓極之人見着吃的一頓猛吃會把胃撐壞，出卡子的人中有許多沒有這個經驗，一下子吃得過快、過多，被撐壞、撐死的人不少。但是我們幾個孩子在經驗豐富的養母的精心照料下，平安地渡過了生死大難。

沒有終點的關愛

長春解放以後，吉長桂子一家人從范家屯回到了長春。由於養父去世，大車店沒有人經營，養母就把大車店賣了，一家人租房生活。哥哥進了公安幹部訓練班，那裏管吃管住，但是沒有工資，一家人主要靠養母和吉長桂子縫製襪子維持生活。

後來養母改嫁了，嫁給了汽車廠的一位姓張工人。養母想把吉長桂子也帶過去，但是對方希望吉長桂子改掉「馬」姓，與他一起姓「張」，吉長桂子沒有同意，她選擇了和哥哥嫂子一起生活。

哥哥在公安訓練班學習後被分配到公安局工作，後來又轉到了長春橡膠八廠，嫂子也在那裏工作。兄嫂孩子很多，有五個男孩，一個女孩。吉長桂子和哥哥、嫂子相處得很好，幫着他們帶孩子、做飯，養母也經常回到這裏看望吉長桂子及兒孫，還經常送錢給他們。

1958 年「大躍進」時，動員婦女們參加工作，吉長桂子也進了長春石棉廠財會科工作。當時領導讓她去廠裏的夜校補習文化，早晨有 20 分鐘的讀報時間，領導特意讓她唸當天的報紙，以提高讀寫能力。

每月開工資以後，她自己只留一點零花錢，其餘的都交給嫂子。

大躍進時每天都加班，工作很忙。回家以後家裏條件不好，人口多，

地方小，休息不好。嫂子看不過去，就對她說：家裏條件不好，你也休息不好，不是嫂子攆你，只怕這樣下去你會把身體搞壞，你搬到廠裏去住吧，也不用往家裏交錢了。這樣，吉長桂子就搬進了石棉廠的宿舍。

1960 年，吉長桂子和工廠的同事趙德貴先生結婚，有了孩子後，養母幫助她帶孩子。在她的三個孩子中，老大和老二養母都幫着帶過。吉長桂子說：

> 從小在養母像「老抱子」（帶雛雞的母雞的俗稱）式的呵護下，長
> 大成人並結婚成家，但她還是時刻掛念着我。在我生大孩子的時
> 候，正趕上國內「三年困難」時期，養母知道我的口糧定量低，

吉長桂子與丈夫合影

怕「坐月子」吃不飽，總把她中午帶的飯盒拿來給我吃。養母六十多歲了還不閒着，找一個給人推銷雜貨的活，每天奔波勞累可想而知，但她還裝得像沒事似的，進屋把飯盒往桌上一放，「口乾舌燥，這乾的吃不下，就是想喝點稀的，我喝你的小米粥，你吃這飯盒。」可我心裏能不明白嗎？這還不算，一天養母「咧咧切切」地挎一筐雞蛋進門，不時地喘着粗氣。肉、奶、蛋在那個時候可說是珍稀之物，百姓很難吃得到，聽說地師級幹部每個月才供給兩斤豬肉，一斤雞蛋，縣處級幹部只供應一斤白糖和二斤黃豆，群眾戲稱肉蛋幹部和糖豆幹部區分他們的級別。看着這一筐雞蛋和養母勞累的樣子，我這心裏不知是什麼滋味，激動得一下子撲在養母懷裏哭了起來，「媽！多難哪！你是怎麼掏弄來的呀！」養母拍着我的後背：「你看，你看，你現在都是當媽的人了，還像個孩子似的。」是啊！在我的心中，在養母的眼裏，我永遠是她親生的孩子，養母的深恩厚情我怎麼能忘記得了呢？

永遠的母親

養母改嫁後的丈夫張先生是一名老實、厚道的老工人，工作一貫勤勤懇懇、任勞任怨，是當時長春第一汽車製造廠熱電站的車間主任，共產黨員，多次被評為廠裏的勞動模範和市裏的勞動模範，還去北京參加過全國勞動模範大會，受到過當時的國務院總理周恩來的接見。

但是到了「文化大革命」的時候，他卻被作為「歷史反革命」揪鬥，原因是當過「偽保長」。

保甲制度，為中國自宋代開始的戶籍管理制度，重點統計納稅人口，

之後在各個朝代演變為農村基本人口戶籍管理制度，基本內容為 10 戶為「甲」，10 甲為「保」，該制度以「戶」（家庭）為社會組織的基本單位，直到 1949 年中華人民共和國成立以後才停止施行。

1912 年南京中華民國政府成立以後，一些省區仍然延續保甲制度，而國民黨政府為了圍剿紅軍。1932 年 8 月，由「剿匪總司令部」司令部正式頒佈了《豫鄂皖三省剿匪總司令部施行保甲訓令》及《剿匪區各縣編查保甲戶口條例》，鞏固和加強保甲制度。1934 年經國民黨中央政治會議作出決議，並由行政院通令在各省市推行使其嚴密化。

國民黨政府的保甲制度與歷代不同處在於，它強化了「連坐法」，一家「通共」，相關各戶不及時告發，就要「連坐」，共同受罰；其次，在保甲制中有「管」、「教」、「養」、「衞」四大職能，具有清查戶口，普及文化，促進辦學，管理社區，設立地方團練，建立預備兵源等。

保甲編組以戶為單位，設戶長；十戶為一甲，設甲長；十甲為一保，設保長。擔任保長的人，在解放後被稱為「偽保長」。

在解放軍圍困長春時，張先生居住地的一名保長離開了長春，但是他所擔任的保長一職需要有人頂替，他強拉着張先生頂了他的位置，他本人卻逃之夭夭。

本來這些問題張先生在入黨時都交代過，組織上沒有作為什麼大問題，但是到了「文化大革命」時又折騰了出來。張先生被帶上紙糊的高帽和寫着「歷史反革命、偽保長」的黑牌子拉出去批鬥，家裏也被釘上了「黑五類」的黑牌子。

家境的突變對吉長桂子的養母趙玉賢衝擊很大，在這以前她還在街道擔任治保主任，而現在一下子全家都變成了「專政對象」，家的門前被貼滿了大字報，紅衞兵和工廠裏的「造反派」經常兇神惡煞般地出現在她們家中，

把張先生揪出去批鬥。

趙玉賢的精神受到了很大刺激，經常處於恍惚與不安的狀態。吉長桂子非常擔心養母的處境，經常勸養母到自己的家裏來住，但是養母擔心老伴，不肯聽她的勸說。

養母的健康狀況越來越壞，終於在 1969 年含恨離開了人間。

養母的逝去使吉長桂子十分悲傷，她為自己無力把養母從困難中解救出來而遺憾不已，而在那個瘋狂的時代，生死無告，眼淚只能咽到肚子裏。

中日邦交正常化以後，中日兩國政府開始辦理日本戰爭孤兒歸國事宜，公安部門也來找吉長桂子，幫她辦理歸國的手續。1985 年，她參加訪日尋親團到日本尋親，1987 年一家人一起到日本定居。經過學習和職業訓練後，她在一家叫做「日本樓房服務」的公司做清掃工作，如今已經退休。雖然已年過古稀，但是她和丈夫趙德貴的身體都還健康，他們的三個兒子都已在日本成家立業，他們已經有三個孫子，兩個孫女，大孫子也已經長大成人參加了工作，有了一個 3 歲的女兒，這已經是他們的第四代了。

吉長桂子現在已經 80 歲了，一家人在日本生活得十分幸福，但是她一直在思念她的第二故鄉長春。她回到日本後，沒有找到親人，她給自己起的日本名字是「吉長桂子」，目的就是要紀念養育她的第二故鄉——吉林長春，永遠不忘給予她第二生命的養父母給她起的名字「馬桂雲」。

雖然養父母早已離開人間，但是她經常回中國看望哥哥嫂子，在經濟上和生活上給予他們幫助。現在，哥哥已經去世了，她仍然十分惦念 80 多歲的嫂子，經常寄錢給她。

她還專程回到中國，重新為養母修墳立碑，碑上鐫刻着 8 個大字：「養育之恩，永志不忘」。每當她回到中國為養母掃墓，她都會在養母的墓前淚如泉湧，她反覆在心裏對養母說：「您是我永遠的，也是唯一的母親。」

回到日本，
他逢人就說：
中國是我的故鄉，
解放軍是我的養父母。

第七章

解放軍就是我的養父母

——記日本戰爭孤兒安達大成

1946 年一個春天的下午，中國齊齊哈爾市的日本難民收容所裏，一名身着東北民主聯軍軍裝，斜挎盒子槍的十三四歲的小戰士走了進來，他疾步到收容所裏一位名叫安達小牧的日本婦女面前叫道：「媽媽！我回來看您了。」

　　這位日本婦女抬頭一看，看見一個帶槍的小兵來到自己的面前，一時大驚失色，聽到這個小兵叫了一聲「媽媽」，連忙揉了揉眼睛定睛一看，竟然是自己的兒子安達大成⋯⋯

漫漫逃難路

　　安達大成 1933 年生於韓國漢城，父親安達煌畢業於日本早稻田大學，畢業後成為一名建築設計師，在日本建築公司「高山組」就職，後被派到當時的韓國京城（今首爾）從事建築設計工作，安達大成與母親隨父親一起去了京城。在安達大成 2 歲的時候，母親因病逝世，父親在京城與日本女子安達小牧再婚。

　　1935 年，父親帶着他們一家到了中國瀋陽（當時叫「奉天」），後來又到了齊齊哈爾。

　　齊齊哈爾市在清末為黑龍江省省會。1931 年「九一八」事變，日本侵佔了整個中國東北地區。1932 年 3 月，在日軍的安排下，末代皇帝溥儀，在長春成立了傀儡政權 —— 偽滿洲國，該年偽滿洲國設置偽滿龍江省，齊齊哈爾為省會。人口約 7 萬人左右。當時齊齊哈爾為城壁都市，分為內城、外城、城外三個區域，內城有約兩米半高的黑磚城牆，東南西北各有城門，外城為土城，城牆牆壁用土堆積而成。

　　安達煌在齊齊哈爾自己開了一家公司，起名叫「安達工業公司」，為當

時佔領東北的日本關東軍北七六連隊做槍托和彈藥箱等軍需產品。

可能是由於經驗不足，「安達工業公司」的產品在交貨時全部沒有通過驗收，產品一律不合格。父親安達煌因此被抓進了監獄，入獄後得了一場大病，高燒不退，於 1943 年死在了監獄的醫院裏，扔下繼母、安達大成及父親與繼母所生的兩個弟弟。

父親死後家裏失去生活支柱，繼母安達小牧到處去找事做，以養活三個孩子。不久她在齊齊哈爾近郊的訥河「興農合作社」的獨身宿舍裏找到了一份保姆的工作，她在那裏為獨身宿舍裏入住的職員洗衣服、做飯，以微薄的收入養育三個孩子。

「興農合作社」是 1937 年 6 月在偽滿洲成立的農村經濟團體「農事合作社」和 1934 年建立的農村金融機關「金融合作社」於 1941 年合併而成，主要進行有關農業融資、農業規劃等方面的工作，是當時偽滿洲的一個具有官方色彩的農業組織。訥河的「興農合作社」是「興農合作社」的下屬分社。

訥河市位於龍江省齊齊哈爾西北部，松嫩平原北端，大小興安嶺南緣，嫩江中游東岸，其名來源於橫貫境內的訥漠爾河。1913 年置縣，偽滿時為龍江省下轄縣，也是清朝最後一位皇帝愛新覺羅・溥儀的皇后婉容（1906—1946 年）的祖籍地。

安達大成在齊齊哈爾和訥河時都在日本人學校裏讀小學，但是學校裏一週有兩節「滿語課」，因此他也學會一些中文，加之父親在開公司時，家裏僱用的木匠等都是中國人，他也常去到他們那裏玩耍，因此從小中國話就說得不錯。

1945 年，在安達大成上了中學。在放暑假的一天裏，他和小朋友們去離家約 1 公里以外的一座小山上的密林裏去玩，突然聽到一陣「轟隆隆」的響聲，四五個孩子鑽出樹林一看，原來有飛機飛來。

這地方很少有飛機來，他們覺得很奇怪。飛機飛得很低，仔細一看，上面的標記也不是「日之丸」──不是日本的飛機。

突然「噠噠噠」一陣槍響，他們身旁的地上冒起一陣煙塵──飛機上的機槍向他們掃射過來，嚇得他們趕緊又鑽進了密林。

聽到飛機的聲音漸漸遠去，幾個孩子飛也似的跑回家，看見大人正聚在一起議論紛紛，大家在說：收音機裏播放了日本戰敗的消息。孩子們都覺得很不可思議：除了剛才看到飛過去的飛機開了幾槍外，這個地方從來沒有聽到過槍炮聲，怎麼日本就戰敗了呢？

齊齊哈爾偽「大日本帝國領事館」
偽「滿洲國郵政明信片」

齊齊哈爾名景：從南大街望城門
偽滿「滿洲國郵政明信片」

齊齊哈爾名景：正陽大街龍江飯店前大街
偽滿「滿洲國郵政明信片」

沒過幾天，蘇聯兵就來到了這裏，他們把日本人都集中在縣裏的一個大講堂裏，大約有 200 多人，基本上都是老人、婦女和孩子，因為青壯男人都被關東軍拉去打仗了。

在這裏住了半個多月，蘇軍命令這裏的日本人向嫩江縣收容所轉移。嫩江縣當時劃歸黑河省管轄，從訥河到嫩江有 93 公里的路程，蘇軍用汽車送了一程後，就讓他們自己走。

這些老弱病殘的日本人走得非常艱難，他們推舉一位 70 多歲的老人做團長，管理生活。有的老人根本走不動，就僱馬車拉着。

在飢渴交加的艱難旅途，最小的弟弟出麻疹了，無醫無藥，不久就死了。安達大成對母親說：把弟弟找個地方埋起來吧。母親堅決不同意，就這樣一直背到了嫩江收容所。

雖說那時是 9 月中旬，但是黑龍江已經相當寒冷。他們在收容所裏想把弟弟埋起來，但是用手挖不動凍土，安達大成找來一個小鐵棍，和母親一起挖了一個多小時，終於挖成一個土坑，埋葬了弟弟。

在這裏住了半年，他們又接到了命令，讓他們轉移到齊齊哈爾收容所。嫩江到齊齊哈爾有 243 公里的路程，蘇軍用貨車把他們一行送到了那裏。

日本投降後，齊齊哈爾由於其重要的地理位置，成了國共兩黨激烈爭奪的戰略要地之一。

1945 年抗日戰爭勝利後，民國政府將東北分為九省，將嫩江流域地區在行政上劃為嫩江省，全省面積為 77326 平方公里。東接合江省、南鄰松江省、吉林省和遼北省，西對興安省，北鄰黑龍江省。

1945 年 9 月 4 日，國民政府在重慶宣佈任命彭濟群為嫩江省主席，主持在齊齊哈爾市組建嫩江省政府，並在重慶成立嫩江省政府籌備處，開始策劃接收工作。

而中共在蘇聯的協助下，率先進入東北。1945 年 9 月，中共中央確定「向北發展，向南防禦」的戰略方針，決定控制東北，並於 9 月 15 日成立以彭真為書記的東北局。11 月 9 日，東北局派中共西滿二地委書記劉錫五、新四軍情報部部長于毅夫，率領 15 名幹部到達齊齊哈爾市。11 月 9 日，中共嫩江地區工委在齊齊哈爾市成立，劉錫五任書記。11 月 14 日，嫩江省政府在齊齊哈爾市宣告成立，于毅夫任主席。東北抗聯在接收嫩江時組建的嫩江人民自衛軍司令部改稱「東北人民自治軍嫩江軍區」，原東北抗聯將領、蘇聯遠東紅旗軍第 88 旅第 3 教導營營長王明貴任司令員，劉錫五兼政委。11 月下旬，成立中共齊齊哈爾市委和齊齊哈爾市政府，東北人民自治軍嫩江軍區副政委王光任書記，政治部主任朱新陽任市長。12 月 28 日，毛澤東親筆為中共中央起草了《建立鞏固的東北根據地》的綱領性文件，指出：「此次我軍 10 萬餘人進入東北和熱河，新擴大者又達 20 萬人，還有繼續擴大的趨勢。加上黨政工作人員，估計在一年內，將達 40 萬人以上……」

　　11 月 27 日，蘇聯為履行與國民黨政府簽訂的《中蘇友好同盟條約》，通知中共地方黨、軍領導機關和武裝力量撤出齊齊哈爾，將城市移交給國民黨政府接管。1945 年 12 月 30 日，中共嫩江省工委、省政府、嫩江軍區、齊齊哈爾市等黨、政、軍機關、部隊撤離齊齊哈爾市，轉移至甘南縣城，1946 年 1 月 1 日，中共嫩江地區工委改為中共嫩江省工委，隸屬東北局北滿分局。

　　1946 年，國民黨任命的接收大員、嫩江省新任主席彭濟群率領剛收編不久的偽滿「鐵石部隊」等，於 1 月 21 日由哈爾濱出發接收嫩江省行政與衛戍，抵達省城齊齊哈爾，24 日正式成立省政府，並開始接管省政。4 月下旬，中共嫩江省軍區成立了以嫩南軍區司令員倪志亮為總指揮、劉錫五為政委的作戰指揮部，準備攻打齊齊哈爾。4 月 23 日，蘇軍全部撤出齊市後，

中共西滿軍區司令員黃克誠命令新四軍第3師一個團，在4月24日攻下齊齊哈爾，嫩江省政府頃刻瓦解。彭濟群率領部分省府人員逃奔瀋陽，當天，中共嫩江省的黨、政、軍機關重新遷回齊齊哈爾市。

安達大成一家到達齊齊哈爾時，正處於這樣混亂的時期。他說：那時齊齊哈爾非常混亂，看到了各種各樣的軍隊，一開始是戴着黑帽子，穿着黑衣服的軍隊，但是在這裏待了一夜就全都跑掉了，可能這不是正規軍。以後看到國民黨軍、蘇聯紅軍、八路軍，都到齊齊哈爾來過，國民黨軍在這裏待了不久就被八路軍打了出去，最後留下的是八路軍。

他說：那時到處都亂哄哄的，進了難民收容所也沒有人來照顧我們。這以前住過的收容所裏，總是有早午晚三頓飯的，有高粱米、蔬菜和南瓜，把菜和南瓜切好放在高粱米裏做粥喝。到這裏後，開始的時候還有飯，過了一陣子就漸漸沒有了。到吃飯的時候也沒有飯送來，餓得慌就去問，上面的人告訴我們：難民收容所解散了，你們自己去找活幹自己生活吧！

參加解放軍

難民收容所解散這個消息對安達一家來說如同晴天霹靂，當時繼母40歲左右，一句中國話也不會說，安達大成當時只有13歲，弟弟才5歲。

沒辦法母親又開始到處找活幹，她到街上的飯店裏幫人家洗碗、掃地，每天回來時能拿回一兩個肉包子，分給兩個孩子吃，自己卻捨不得吃。

安達大成看着母親日益消瘦、憔悴，心裏非常難過，他想：要是我離開這裏，媽媽可能還能有一點兒東西給她自己吃。自己已經13歲了，應該自己去找活路了。

於是他瞞着母親自己跑了出去。當時已是1946年的9月了，白天的溫

度大約零下 5℃到零下 10℃左右，晚上的最低氣溫達零下 25℃左右，而他們全家被收容的時候還是夏天，現在穿的衣服還是那時的夏裝，他自己跑了出來，真是凍餓難捱。

白天，他到街上去撿人家扔的食物，或是守在飯店門口，看着有客人把吃剩下的飯留在桌子上，就急忙跑進去端起飯碗就吃，有時會被飯店裏的人連踢帶打地趕出來。

白天還算好混，到了夜裏真是難過，他撿了幾張麻袋片披在身上，躺在街角上，想睡也睡不着，因為天氣太冷，只好在街上走來走去活動着，一想到冬天有三個月，他感到非常可怕，覺得自己無論如何也不可能活過這三個月。

有一天，他看見一個日本小姑娘挎着籃子賣自家捲的煙捲，幾個男孩子走了過來，其中一個男孩了趁小姑娘不注意時拿了一把煙捲就要走，他跑過去一把抓住那個偷煙捲的男孩子說：

「你拿人家的煙捲給錢了嗎？」

那個男孩子蠻橫地說：「干你什麼事？」

正在他們爭吵不休的時候，管理市場秩序的東北民主聯軍（原為東北人民自衛軍和東北人民自治軍，1946 年 1 月 4 日，根據中共中央軍委決定，改稱「東北民主聯軍」）軍官走了過來。

「你們為什麼在這裏打架？」維持市場秩序的軍官問道。

「他拿人家的煙捲不給錢。」

「是這麼回事嗎？」軍官問那個賣煙捲的日本小姑娘。

小姑娘點點頭。

軍官讓那個拿煙的男孩子把煙還給小女孩，然後對安達大成說：「聽你說話不像中國人嘛。」

「我是日本人。」安達說。

「那你的中國語說得不錯嘛！」

「嗯。小時候和父親一起工作的中國人很多，我常和他們玩，在學校每週也有兩節漢語課。」

「咦！你願意到我們這裏來嗎？願意跟我走一趟嗎？」軍官好像對他很感興趣。

安達想：到哪兒都會比現在這樣好，沒準兒還會有飯吃呢！

「好。去就去吧。」他說。

東北民主聯軍軍官把安達大成帶到部隊的供給部。供給部的首長很奇怪，他說：「咦？你帶回個小孩幹什麼？」

這位軍官說：「這小孩兒是日本孩子，中國話說得不錯，正好我們這裏的被服廠、野戰醫院、修汽車的人裏有許多日本人，有五六十人呢！可以讓他做翻譯嘛。」

首長一聽有道理，就問安達大成：「你有爸爸媽媽嗎？」

安達說：「沒有。」

「你願不願意當兵？」

安達說：「願意。」

於是部隊收留了他。他所在的部隊是東北民主聯軍第一師第一縱隊第三旅軍區供給部，而他的工作是做黑龍江省軍區供給部部長張覺的警衛員。

當時的東北民主聯軍很開放，大有「國際化」的傾向，對於參軍的日本人一視同仁，十分信任，該發槍的發槍，該提幹的提幹。

安達大成也很受信任，給他發了盒子槍。他平時和首長住在一起，首長住裏間，他住外間。需要有翻譯時他去兼做翻譯工作。

因為他不是一般戰士，算是有特長的文職幹部，雖然才 13 歲，但是部

隊給他副排級待遇，還有工資，一般戰士當時工資是 3 元錢，他每月工資為 4 元。

參了軍，不僅吃穿解決了，而且部隊首長對他都很好，親切地管他叫「小鬼」，他跟着首長，要經常眼觀六路，耳聽八方，防備有壞人向首長開冷槍。

他還喜歡參加部隊的文藝活動，學會了很多中國歌曲，還學會了拉二胡。他經常參加部隊組織的文藝演出，跳舞、唱歌、伴奏，樣樣都行，由於他能說兩國話，因此還經常把學到的革命道理到日本人那裏去宣講，在當時的部隊也算一個人物。

在這裏工作不久，部隊將他調入該第三師第十旅，部隊駐紮在黑龍江省北安縣。

安達大成聽說要把他調走，想自己已經離開媽媽、弟弟很長時間了，這一調走也不知道什麼時候能回來，想回去向他們告別一下，於是他向首長說了實話。他說：

「我雖然沒有親生父母，但是還有一個繼母和弟弟在難民收容所了，我想在走之前去看看他們。」

首長答應了他的要求，於是他穿着軍裝，挎着盒子槍來到了難民收容所。母親一見他大吃一驚，待聽他說完了原委後馬上對他說：我們就要回日本了，你要趕快回來，和我們一起回日本去。

1945 年 7 月 17 日，美、蘇、英、中等同盟國在波茨坦召開會議。會議規定，日本軍隊在完全解除武裝後，包括家屬和日本平民都將被允許返鄉。

1946 年，經當時的「軍調處三人小組」（美國馬歇爾、中共周恩來、國民黨政府張群）協調決定，除丹東的日本僑民 7.5 萬人由東北民主聯軍負責經朝鮮由陸路和鴨綠江水路遣返、大連的日本僑民 27 萬人由蘇軍直接遣返

2015 年的安達大成

安達大成夫婦

之外，在東北地區的其餘日本僑民全部集中到葫蘆島港實行遣返。

雖然 1946 年以後東北局勢緊張，國共兩軍為爭奪遼南地區展開了猛烈的軍事鬥爭，但是國共兩黨都以大局為重，信守「軍調處三人小組」的決定，促使日僑遣返工作按原定計劃順利圓滿地完成。

1948 年夏，遼瀋戰役戰雲密佈，公路、鐵路全線中斷，但是最後滯留東北的 3871 名日僑仍在東北民主聯軍的護送下，首先在瀋陽集中，然後乘飛機從瀋陽抵達葫蘆島登船回國。至此，歷經兩年零四個月的葫蘆島「百萬大遣返」全部結束，共遣返日本軍人和僑民 1051047 人。

安達大成回去看望母親和弟弟時，是 1946 年，正處於母親和弟弟接到準備回國通知的時期。

安達回到部隊後，向首長彙報了母親要他一起回國的事，首長對他說：你現在已經不是普通人了，是一名革命戰士了，怎麼能說來就來，說走就走呢？你自己要慎重考慮。

安達經過反覆思考，覺得部隊的生活很不錯，首長對他又好，離開這裏還真有點捨不得，最後決定不和母親及弟弟回國，就留在部隊裏。

農場三十年

在安達轉到第十師後，中共黨組織開始落實毛澤東親筆為中共中央起草的《建立鞏固的東北根據地》的指示，毛澤東在此文中指出：「此次我軍十餘萬人進入東北和熱河，新擴大者又達二十餘萬人，還有繼續擴大的趨勢。加上黨政工作人員，估計在一年內，將達四十萬人以上。如此大量的脫離生產人員，專靠東北人民供給，是決不能持久的，是很危險的。因此，除集中行動負有重大作戰任務的野戰兵團外，一切部隊和機關，必須在戰鬥和工作

之暇從事生產。一九四六年決不可空過，全東北必須立即計劃此事。」

為了落實中央的指示，東北的黨政軍組織拉開了在北大荒開發黑土地的序幕。

1946 年冬，從延安到東北建立革命根據地、曾任佳木斯第一市委書記的高大均，在樺川縣一個開拓團墾荒地上創建了合江省水利農場（合江省原位於黑龍江地區東部三江平原，是解放戰爭時期設置的省區之一，其名稱沿用國民黨政府公佈的省名，為中國共產黨政權在東北所成立的省。省會為佳木斯，於 1949 年廢省，併入松江省）。他從省委要來一個武裝連，又從以吉林延邊為主的東北地區動員一千多名擅長栽培水稻的朝鮮族移民，創建農場，從事水稻生產。他還從日本難民營中挑選出原先在開拓團幹過栽培水稻技術指導員的日本人來當技術員。高大均還先後擔任佳木斯實驗農場、寧安農場場長。

1947 年 2 月，安達大成的老首長，原黑龍江省軍區供給部部長張覺組織軍區供給部 40 多名戰士，在黑龍江省通北縣雞爪河流域的柳毛青（現紅星農場二分場）開荒，創建由軍隊直接籌辦的農場，主要種植蔬菜和軍用藥材，還招收 3 名日僑當汽車駕駛員。

1948 年，安達大成也接到了部隊轉業、參加開墾農場的命令，他先到位於小興安嶺西南邊緣上的黑龍江省海倫去開闢海倫農場，後來又加入老首長張覺領導下的北安農場，最後到了黑龍江省克山農場。

克山農場位於黑龍江省西部、齊齊哈爾地區東北部的克山縣與訥河市交界處，距克山縣城 46 公里，毗連五大連池風景區，自然風光秀麗，境內丘陵起伏，有烏裕爾河、訥謨爾河、潤津河等 5 條河流。1948 年克山縣政府將其作為縣屬第二農場創建。1954 年，省農業廳決定還用原始農業方法耕種的克山縣第二農場擴建為「國營克山機械農場」。1968 年 6 月，組建黑龍

江生產建設兵團，編為第五十四團，隸屬第五師。1976 年 2 月，撤銷生產建設兵團，改名為克山農場，隸屬嫩江農場管理局。

安達大成到這裏來時還不滿 16 歲，先被分配去做汽車司機助手，後來做拖拉機手學員，半年後正式成為一名拖拉機駕駛員，此後一直開了十幾年拖拉機。在農場期間，他還把他在部隊練就的藝術特長發揮出來，經常參加農場文藝節目的排練和演出，曾和農場藝術團一起去省會哈爾濱匯演，並在匯演中得獎。

1958 年，他經農場了一名管理員介紹，與在農場工作的一名日本戰爭遺留孤兒武桂蘭（日本名現為安達素子）結婚。

武桂蘭當時 20 歲，原籍日本群馬縣，隨日本開拓團到黑龍江省通北縣。父親在戰爭中死去，母親有病在身。在戰後的混亂中，海倫縣雙錄村雙建鄉的一家姓武的農民把他們母女倆接到家中，不久母親病逝，武桂蘭就成了這一家的養女。

武桂蘭對筆者說：武家對她像親生女兒一樣疼愛。她到武家時只有 7 歲，但是很懂事，總想幫助家裏幹點活兒，看見家裏做飯要燒柴，她就在家裏人做飯前把柴禾報到屋裏。家裏人一開始不知道是誰抱進來的，後來發現是武桂蘭每天在抱柴禾，就叫她不要再抱了，說她太小，不要累壞了。

武家還供武桂蘭唸書，一直唸到小學四年級，後來武桂蘭因病休學。

安達大成夫婦結婚後一共生了 6 個孩子。他後來在農場升任技師，工資每月 82 塊，妻子在農場食堂裏做臨時工，工資也不高。本來人口多，工資不高，生活應該是比較拮据的。但是農場那時給每個職工都分二分土地，他們家裏八口人，共分的一畝二分土地，種蔬菜和馬鈴薯。一到秋天，房前房後結滿了豆角、茄子、西紅柿等蔬菜，還種了一些瓜果，大田裏就種馬鈴薯，吃菜從來不用買。每年家裏還養兩頭豬，吃一頭，賣一頭。安達大成

說：就是還蘇聯債那年，糧食好像有點兒不足，其他的時候沒有為吃的問題發愁過。

1966年「文化大革命」開始後，他作為技術人員要「靠邊站」，沒有參加各種會議的權利。

有一天他到河邊去拉沙子，農場裏的知識青年來找他，說讓他去當時辦公室去一趟。

他來到辦公室，有人厲聲對他說：「剛才有人在這裏打信號彈，你老實交代，是不是你打的？」

安達大成一點也不示弱，他說：「說話辦事要有證據，你有證據嗎？」

這人看他竟敢頂嘴，勃然大怒，把手槍掏出來拍在了桌子上，對他叫道：「你到底承不承認？」

安達大成也十分憤怒，他一把把手槍從桌子上掃到了地下，憤怒地說：「你有什麼權利來問我，我參加革命的時候你還穿開襠褲呢！」

知識青年們看到氣氛險惡，連忙把安達推了出去，這件事也就不了了之。

雖然安達是日本人，但是他從13歲就參加革命，因此怎麼審查也審查不出什麼問題來。

回到日本

「文化大革命」結束以後，農場裏的5個日本人中，有兩個回日本去了。安達也動了思鄉的念頭，他到縣裏的外事辦諮詢，那裏的工作人員問他日本有沒有親人，他說有繼母和弟弟，繼母住在日本九州大分縣，弟弟好像和繼母住在一起。外事辦的人給了他日本領事館的電話號碼，讓他和那裏聯

繫一下，他馬上了日本領事館取得了聯繫，向那裏反映了自己的情況。

　　1980 年 9 月的一天，農場裏的大喇叭突然呼叫他，叫他到農場機關來。到了機關後，負責外事工作的人員告訴他：說他的弟弟找到了，現住在日本千葉縣。他的繼母和弟弟都要他快辦回國手續。

　　這以後，他和弟弟通信並互寄照片，暢談 36 年來的離別之情。

　　1981 年，他們一家終於一起回到了他從來沒有見過的祖國——日本。

　　1981 年 12 月 15 日 2 時 31 分，安達大成一家乘坐的中國民航 917 號班機到達日本成田機場，弟弟安達次成和妻子良子趕到機場迎接，兄弟二人時隔 37 年重逢，不由得熱淚盈眶，緊緊擁抱。光陰荏苒，黑髮掛上了霜花，

2007 年 3 月 16 日，
參加維護孤兒權利遊行的安達大成與聲援他們的國會議員握手

但是他們忘不了在一起度過的苦難童年，忘不了在逃難的路上，哥哥牽着弟弟的手，走過那麼多的泥濘和雪雨……

一家八口暫時住在了千葉縣柏市的弟弟家裏，但是一家八口住在這裏，總不是長久之計。一年以後，他們總算在柏市找到了兩間公營住宅，而他們一家八口人中，就他一個人會說日語，大人看病，小孩上學，吃吃穿穿，一切都離不開他，因此在兩年的時間裏，他一直不能出去工作，一家人靠政府的保護金生活。

剛回到日本時，他的大孩子20歲，老二17歲，剩下的4個孩子一個中學已經畢業，其他三個都是小學生。他讓弟弟安達次成把老大和老二帶到東京的日語學校去學日語。中學畢業的老三由於日語一句也不會說，決定從中學一年級重新唸起，剩下的三個孩子都安排在市裏的小學。

但是沒上幾天學，學校就找到了家裏來說：這三個孩子日語一句都不懂，課沒法上。沒辦法安達大成只好做「陪讀」，和他們一起上了三個月的學。

回日本一年以後，市政府的人找他談話說：你日語說得這麼好，年紀也不算大，要自食其力，不能再拿政府的保護金了。

雖然說當時歲數不算大，但是也快到50歲了，找工作非常不好找。又過了一年，市政府就不再發給他們一家生活保護金了。他只好風裏雨裏，四處去找工作。有一天他在一張招工廣告上看見，一家公司招會中文的人才，就職後派到中國工作，他馬上去應募，當即就被錄取。就職後他被派到了中國，中國那邊每月發2000人民幣的補助金；日本這邊的工資照發，這樣生活就有了保障。

但是在他退休以後生活又變得非常拮据，由於回到日本時已經48歲，參加工作時間短，退休金拿得很少，夫妻兩人只有6萬日元的養老金，生活

完全沒有着落，直到 2007 年 1 月 28 日，日本國會通過《改正日本殘留邦人支援法》後，他們的生活才有所改觀。

安達大成在日本生活了 30 多年，含辛茹苦把幾個孩子培養大，現在他已經有第三代（孫子、外孫）12 個，他們一家在日本總算安家樂業。

但是他時時不忘收留他、養育他的首長和解放軍，不忘那片他在那裏度過了大半生的白山黑水，那裏留下了他的童年和青春，不論他是不是敵國的孩子，不論他是中國人還是日本人，那裏都對他不厭不棄，呵護信任，不僅使他在死亡的邊緣上生存了下來，還給了他那麼多的溫暖和快樂，給他了事業與追求，給了他家與親人。那片肥沃的黑土地，就像母親充滿慈愛的博大胸懷，養育萬方，容納百匯。回到日本，他逢人就說：「中國是我的故鄉，解放軍是我的養父母。」

（安達大成先生已於 2015 年 1 月 17 日在日本千葉縣柏市的家中去世，享年 82 歲。謹在此獻上深切的哀悼）

在回憶自己的武術生涯時

常松勝感慨地說：

沒有我的中國養父母

就沒有我常松勝的今天。

第八章

中國養父成就了一名日本武術家

——記日本戰爭孤兒常松勝

常松勝是一名日本的武術家，為通背拳、祕宗拳、螳螂拳大家，他在中國和日本教武術 50 多年，培養了大批的中國弟子和日本弟子。從 1982 年，常松勝開始在日本開設道場，遍佈日本各地多達十幾個，培養出大量優秀的日本武術選手，其中有不少弟子在日本武術比賽中，取得過優異的成績。特別是日本學生井上滋、秋山幸穗、松村紅、大久保克等人，在日本全國武術比賽中，都得過祕宗拳和通背拳優秀成績。其中還有的弟子 1994 年—1996 年間，一直在日本的比賽中獲得第二名的好成績，在亞洲武術比賽和世界武術比賽中，取得過劍術第二名和全能第二名的好成績。

常松勝

在向日本人教授武術的同時，常松勝還撰寫了《中國傳統通背拳》（1884年）、《中國傳統祕宗拳》（1989 年）、《迅雷之拳——祁式通背拳紀要》（2006年）和《武道春秋》等書籍，並在日本的一些雜誌等發表有關中國武術的文章，同時製作了很多有關中國武術的 VCD 教材，還在一部電影《鐵山奇形劍》中擔任製作、武術指導並出演主人公。對於他在中國和日本弘揚中國優秀文化精髓之一——中國傳統武術的事跡，日本電視台和中國的電視台等都進行了詳細報道。

日本戰敗後的「關東州」

常松勝成為一名著名的武術家，來源於他中國養父的培養和指引。常松勝是日本人，1945 年 2 月 4 日出生在中國大連，父親是「關東州」中大連的日本警察。

說起「關東州」，還要從日俄戰爭說起。中日甲午戰爭後，清政府和日本簽訂了《馬關條約》，侵佔遼東半島，但是由於俄、德、法三國干涉，日本向清政府勒索共計賠款 2.315 億兩白銀，其中包括戰爭賠款 2 億兩、「贖遼費」3000 萬兩以及「威海衛保衛費」150 萬兩，於翌年退還遼東半島。1896 年，清軍重新接收金州和旅順。

1897 年 12 月，俄羅斯帝國海軍進入旅順口港，沙俄取代日本佔領大連。將旅順港更名為「亞瑟港」，把大連港改名為「達爾尼港」。1898 年，沙俄與中國清政府簽訂《旅大租地條約》，正式向清政府租借遼東半島，租期 25 年。1899 年 8 月，沙皇頒佈《暫行關東州統治規則》，單方面將旅大租借地定名為「關東州」，1904 年 2 月 8 日—1905 年 9 月 5 日發生日俄戰爭，俄軍慘敗。日俄戰爭後，根據日俄戰爭後於 1905 年簽訂的《朴茨茅斯

（大連）中央大廣場，當時的大連街景
偽滿「滿洲國郵政明信片」

大連浪速町
楯綱雄　著，《滿州景觀》，3 頁，大正寫真工藝所，1941 出版
日本國會圖書館藏

和約》，日本取代俄羅斯佔領這一租借地，將「亞瑟港」改回原名「旅順」，「達爾尼」改回原名「大連」，日本統治這一租借地一直持續到 1945 年 8 月。

到 1945 年，在大連市約有人口 80 萬，其中約有 20 萬日本人，他們在市中心地帶居住所佔據的面積約全市的 80% 左右。

常松勝舅舅也在大連，生於 1922 年。1934 年畢業於畢業於大連南山麓小學。1940 年畢業於大連商業學校，同年，進入日滿商事 KK 大連支店進公司。1943 年，調動到該公司奉天支店。據說他的中文日文講得都很好。1944 年，在東寧二三四部隊（汽車隊）應徵入伍。同年，進入當時偽滿洲首都長春的新京憲兵隊講習隊。1945 年，分配到勃利憲兵隊（擔任憲兵兵長）。

大連站
偽滿時代明信片
愛知大學國際中國學研究中心（ICCS）所藏

常松勝的父親常松喜市
常松勝提供

　　常松勝的父親常松喜市是大連警察署的巡查，日本戰敗後，和同事一起
被蘇軍拘捕，送往瀋陽，並準備送往西伯利亞。當列車在當時的「新京」，
也就是現在的長春停車的時候，日本人的乘務員悄悄送給他南滿鐵路株式會
社的制服，他穿上「滿鐵」制服，得以逃脫，回到大連。

　　他舅舅在同年8月，由於關東軍發出緊急作戰命令，分配到東安特務機
關工作。同年8月9日，日蘇開戰後，在橫道河子解除武裝，進入俘虜收容

所，同年 10 月，逃出該收容所，歷經千辛萬苦，逃回大連。據說由於在大連普蘭店遇到了一位講着一口流利日語的八路軍，將他隱藏在農民裝蔬菜的大馬車中，才得以通過蘇軍的各個關卡，經過千辛萬苦後，逃回大連。

戰敗後使許多大連的日本人流離失所，一些日本人以變賣家裏的財產、衣服、金銀首飾等為生。許多東北各地開拓團的日本人也開始紛紛湧入大連，糧食和住所都十分緊張。

當時常松勝的父母有 5 個孩子，長女昭子 10 歲，次女綠 8 歲，三女兒久代 6 歲，長子櫻樹 4 歲，次子，也就是常松勝 1 歲多。這麼一大家子人需要養活，常松勝的父親和弟弟及弟弟的戰友一起籌集資金做起了小買賣，在當時的大連病院附近開起了炭店。由於常松喜市在大連各個派出所工作過，喜歡喝酒，雖是日本警察，但是辦事很公道，人脈也廣，交友甚多，因此一時買賣很紅火，但是漸漸地蕭條下來。

1946 年 1 月，大連的日本人組織了日本人工會，在學校等設立難民收容所，配給糧食，並斡旋工作等。1946 年 10 月 23 日，日本人工會委員長接到了蘇軍司令部的通知，開始準備送在大連的日本人回日本工作，擴充大連埠頭的難民收容所。1946 年 11 月 10 日，第一批準備回國的日本難民集中在埠頭收容所，第一船「永德丸」，第二船「辰春丸」於 12 月 3 日相繼到達。到 3 月 30 日為止，共送 20.3765 萬名一般日本人歸國。3 月 20 日到 29 日，送約 1.3000 萬名俘虜歸國。

常松勝一家 6 口乘坐第一船「永德丸」返回日本，但是常松勝卻留在了中國，送給中國人撫養，成了戰爭孤兒。

1945 年 12 月，常松勝的舅舅從大連港返回日本。在佐世保港上陸，復員。曾被定為 B 級戰犯。駐日盟軍總司令部（GHQ）曾對他進行傳喚，為此他到東京都市谷的該司令部自首，受到種種調查。後來被解除了公職，

1949 年復職，擔任法務府教官，從事少年教養所等的矯正工作。

常松勝成為戰爭孤兒

1946 年，當時常松勝剛剛 1 歲多一點兒，是 5 個孩子中最小的一個，母親沒有奶，帶着很不方便，很可能在船中餓死，就把他送給他們熟識的一名中國經營銷售玻璃的商人寶永興。

寶永興夫婦沒有孩子，家境也不錯，對於常松勝疼愛有加。但是養母勤儉節約，燒煤渣時只要有一點黑色的煤炭就留下就捨不得扔掉，給常松勝剪頭也是在家裏用推子剃成禿頭。後來常松勝出去看人家小夥伴都留着分頭什麼的很帶勁，只有自己沒有頭髮，因此回家哭鬧，也要留頭髮。養母說：好吧，那以後就不剃光頭了吧！

但是養父母對他還是很疼愛的，他那時候喜歡吃白米，家裏的白米都可着他吃，養父和養母吃粗糧和麵食。在養父母的照料下，他的身體非常健康，不記得自己在十幾歲前得過什麼病。他穿的衣服也都由養母來做，他在中國的養父母家中，享受着生活的溫馨和快樂。

但是他是日本孩子的事周圍的鄰居都知道，一些不懂事的孩子經常叫他「小日本」。養父和養母一聽見有小孩這樣叫他，就找到這些孩子的家裏，質問這些孩子的家長：誰說我們是日本孩子，這是我們自己的孩子。所以常松勝說：我在小的時候就不相信我是日本孩子，認為自己就是養父母的親生孩子。1952 年，當他 7 歲時，養父見他比較瘦小，加之是日本人，因此怕他遭人欺負，中國養父把他送到著名的祕宗拳大師趙鳳亭的門下，學習祕宗拳、螳螂拳、太極拳。

練武術也是要下苦功夫的，踢腿、壓腿、彎腰、站樁，無一不需要忍耐

力和刻苦的精神，對於當時還是一名兒童的常松勝來說，有時難以忍耐，但是養父要他一定要堅持下去，他也只好堅持下來。到了小學二年級的時候，他漸漸喜歡上了武術，被武術剛柔相濟、博大精深的內涵和出神入化的技巧深深吸引，功夫也不斷加深。幾趟拳腳下來，出一身透汗，還是很舒服的。

當時常松勝也喜歡下象棋，在小學象棋比賽時曾得過第二名。因此有時在去武館的途中，常松勝看到路旁有人下棋，就和圍在旁邊的人們一起觀看，看得入迷了，就忘了去武館的事，不免有時遲到。

武館的老師就去他養父那裏告狀，說他老遲到。養父覺得奇怪，說他每天明明吃完了飯就去武館了嘛！武館的師父說：沒有哇，他總是遲到。

為了弄清真像，養父在他去武館的時候跟蹤在他的後面，終於發現了他是在看下棋，有時候看上癮了，還自己坐過去和別人下上一盤。養父很生

東洋第一的大埠頭大連
偽滿「滿洲國郵政明信片」
愛知大學國際中國學研究中心（ICCS）所藏

常松勝　1956 年攝於大連
常松勝提供

氣，竟然一腳踢散了下棋人的棋盤，並拉起常松勝就走。讓下棋的人們匪夷所思：你兒子和我們下棋，你怎麼踢我們的棋盤？從那以後常松勝就再也不敢在去武館的途中下棋和看棋了，放學以後就直接到武館去了。常松勝說他之所以在武術上能夠有所成就，與養父的嚴格要求也是分不開的。

成為武術專家

　　1963 年趙鳳亭大師去逝，常松勝又拜「燕北大俠」修劍癡的大弟子于少亭為師，學習通背拳。

　　通背拳是中國傳統武術中著名拳種之一，自古以河北為中心流傳，屬於猴拳的一種，即模仿猴猿靈活善變的動作而產生的拳法。早在明代戚繼光的《紀效新書》中，猴拳便已列入「古今名家」拳法之一，通背拳與陳式太極拳有着血緣關係。

　　通背拳主要以摔、拍、穿、劈、鑽技法為基礎，其中包含暗五掌「撩、揮、抽、擂、煽」，奇五掌「戳、卡、啄、捩、跺」，絕五掌「豁、捋、崩、撲、推」等。行拳處九柔一剛，綿中裹鐵，柔中求剛；發力處圓中求直，醒懈有度，身步有章，四面契機；全身經絡，一氣貫通，神出鬼沒，變化莫測。

　　常松勝的師爺是著名武術家、燕北大俠修劍癡，生於 1883 年，卒於1959 年，字燕儂（博偉），號劍癡，又名修明、修全一，滿族，河北固安縣修辛莊人。家道殷實，聰慧過人，幼時學文習武，拜五行通背拳前身「祁家門」創始人祁信之子祁太昌之高徒許天和為師學練通背拳。他博採眾家，結識各地武林高手，切磋拳法，使通背功夫更加精深宏大。1953 年曾系統地整理出《勢法理》等三部書稿，集通背拳之大成，為弘揚通背拳作出了巨大的貢獻。

常松勝

　　名師出高徒，通過通背拳大師于少亭名師指教和自己的刻苦專研，勤學
苦練，常松勝練就了一身精湛武功，而且還練出了他自己的獨特風格，並在
武術比賽中取得了很好的成績。

　　1957 年，常松勝在大連武術比賽少年組表演「小虎燕」，在拳術組獲得
亞軍，綜合比賽獲第五名。1958 年在大連武術比賽中表演「四路奔打」，獲
拳術組亞軍，綜合比賽第三名。

常松勝 13 歲那年，也就是從 1958 開始，養父入獄 8 年。對於養父入獄的原因，常松勝說他至今也不知道。這以後養母由於肺病，不到半年，也就是 1959 年便去世了。那時常松勝是初中二年級的學生，他靠拿助學金上學，並把養父家裏的東西一一賣掉，自己吃了上頓沒下頓，但是他每個星期日都會買一些物品和養父愛吃的東西去監獄裏探望養父。

　　關押養父的監獄在大連市南關嶺。當時中國處於「三年自然災害」時期，每個人定量是 32 斤糧食，基本上都不夠吃。常松勝就把家裏的東西賣掉後買糧票，當時的糧票是三元錢一斤，買了糧票後再買些燒餅什麼的送到養父那裏。

　　南關嶺離他家裏很遠，從他家所在的東關街坐電車到沙河口，再轉車到周水子，然後到了姚家村就沒有車了，要步行約 1 小時左右才能到養父所在的監獄。

　　他說：見到養父穿着紅色的監獄服他直想哭。有一次他去監獄裏探望養父，那時養父告訴他：孩子你命苦啊，你不是我們的孩子，是日本孩子。但是常松勝也不相信養父的話，還是認為自己是他們的親生兒子。

　　獎學金只夠學習，不夠吃飯，半年以後常松勝就輟學了，在街道找了個工作。當時由於他武功精湛，有的師兄弟在京劇團裏工作，希望把他帶到京劇團裏，他徵求養父的意見，養父沉吟了一會兒，對他說：還是學點手藝比較好，他就沒有去。

　　1960 年開始參加工作，學習鉗工，做模具，在大連小五金廠工作，還在工廠獲得過技術革新獎，一直幹到三級工。

　　1966 年養父出獄後，由於是「地富反壞右」，要下放到鄉下。常松勝當時已經 21 歲了，他考慮如果養父下鄉可能會被送到一個陌生的地方，受人欺負，於是他就聯繫讓養父回到了家鄉——山東省平度縣，那裏是寶家的故鄉，村長等都姓寶，大家都是親戚，叔叔大爺地叫着，都對他養父很好，還給他蓋了三間房。當時養父也經常來大連，在常松勝家生活一段時間。

在日本傳授中國武術精髓

　　1972 年日中邦交正常化，常松勝的母親開始尋找兒子常松勝，經過一個訪日的留在中國的日本婦人的溝通和她自己上電視訴說及兩國政府開展的認親工作，常松勝於 1978 年回到日本。

　　1978 年 7 月 11 日午後 1 時 40 分，一架中國民航飛機徐徐降落在大阪機場，身穿短袖襯衫的 33 歲的常松勝領着 9 歲的女兒寶衛走出國際候機室。常松勝的日本母親藤岡美代子從岡山縣來到大阪機場迎接不滿週歲時就離別了的小兒子。母子相見，淚流滿面，擁抱在一起。常松勝用日語叫着「媽媽」，漫長歲月濃縮在一聲 31 年來沒來得及叫出來的一聲「媽媽」之中，多少泣血相思在淚水中縱橫。常松勝的三個姐姐也一起來到機場。常松勝通過翻譯說：「母親給我來了許多信，接到寄來母親的照片和信以後，每天都在想母親的事。真想立刻和母親見面。我從來沒有恨過母親，之所有當時的環境令我們母子離別，是因為戰爭，那是沒有辦法的事。」

　　回到日本後，父親已於 1961 年去世，日本還有一個哥哥、三個姐姐和母親。母親告誡他要自己獨立生活，不能拿政府的救濟金生活，並陪着他從岡山到東京，幫他找到了房子，這樣他和母親一起生活三年。後來母親回到岡山，與常松勝二姐一起生活，於 1994 年去世。

　　這期間他幹了不少苦活。因為語言不通，只好找一些體力活幹。開始時在中華料理店裏刷碗，一個月能賺 10 萬日元，後來看到有工廠招工的廣告，但是究竟招的是什麼工？廣告的內容也看不懂，回家查字典，才知道是「模具工」，正是老本行，能幹！當時工資為月薪 13 萬，比中華料理店工作時間短，而且工資高，還有職工寮。後來通過「職業安定所」介紹，他在本田所屬的工廠幹了 4 年。由於常松勝懂技術，很快就轉為正式工，加班加點能掙

30 多萬。後來有父親警察署的同事當時做貿易公司的社長，就勸他到自己的公司裏做貿易，於是他開始從事中日貿易工作。因為在中國有人脈，貿易工作幹得也比較順利。後來社長去世，他就開始自己獨立做貿易，從 1984 年一直幹到 1989 年，然後又和一個徒弟的同學一起搞勞務，一直幹到 2004 年。

雖然工作很苦，但是常松勝還是每天堅持練武術，看到他在公園裏練武術，很多日本人心儀，也希望和他學。從 1982 年，常松勝開始開設道場，在日本各地多達十幾個。中國老師來日本後也和他們互相切磋，1984 年成立日本太極拳聯盟，他擔任創會人。

1987 年獲得國際裁判資格。1987 年，在日本橫濱舉行了第一屆亞洲武術錦標賽，中國國際武術的代表人物、著名武術健將趙長軍等參加了比賽，常松勝擔任第一屆亞洲武術錦標賽裁判員。1982 年日中武術交流協會成立，

常松勝 20 歲時留影
常松勝提供

他擔任會長。1984 年，常松勝和日本知名人士及日本武術家一起組建了日本武術太極拳聯盟，常松勝擔任創會理事和技術委員長。他在日本利用業餘時間和節假日傳授中華武術 38 年，教過的學生約有萬人以上，其中有不少學生在日本武術比賽中，取得過優異的成績。有的學生在日本全國武術比賽中，得過祕宗拳和通背拳優秀成績。有的日本學生在亞洲武術比賽和世界武術比賽中，取得優異的成績。

　　常松勝的弟子奧山仰對筆者說：我在高中的時候就對武術很感興趣，參觀各種武術教室時，幸會常松先生。我看常松先生行拳時出手非常迅速，令人目不暇接，於是我決定入常松先生之門學藝。如今一晃 20 多年了，現在每天還都有新的發現，常松先生自己的武術技藝也是日新月異。

　　中日文化，同文同種，一脈相通，常松勝在日本教授武術，加深兩國的

常松勝第一次率「中國養父母謝恩之會」代表團
訪問中國時在方正縣拜謁「方正地區日本人公墓」
歸國者佳西攝影

常松勝為養父母修墓立碑
陳炳玉攝影

交流的同時，也積極投身於中日武術交流。1986 年，常松勝赴天津國際武術交流大會上進行了通背拳的精彩表演。1991 年後，他多次率領日本武術氣功交流訪華團赴中國各地進行交流、表演。1995 年—1997 年近三年間，他分別在大連、煙台市搞了三次國際武術交流大會。2008 年，他作為日本散打代表團團長率團參加了大連市國際武術文化節。2011 年，他率領日本散打團參加了第九屆香港國際武術節。

2016 年 5 月 20 日至 22 日，由國際武術文化研究院、東亞武術聯盟主辦的「第七屆華夏武狀元國際爭霸賽」在北京石景山體育館舉行。來自日本、俄羅斯、英國、德國、加拿大以及香港、澳門、台灣等國家和地區，再加國內 25 個省市自治區，共計 105 支代表隊、近千名武術精英參加了這場武術盛會。據日中武術交流協會編《日中武術交流協會》一書介紹：在此次大會上，常松勝獲武術發展貢獻獎，其弟子清宮正志獲劍術部門第一名。2016 年 8 月，香港舉辦「第十一屆香港國際武術比賽」。常松勝擔任名譽會長和仲裁副主任，其弟子清宮正志獲得通背拳和密宗拳金牌。

如今常松勝已經 76 歲了，依舊精神矍鑠，步履矯健。每日行拳舞棒，揮刀弄槍，教習武術，名滿日本。

雖然常松勝在日本成為一名武術家，在日本取得了很大的成功，但是他忘不了中國養父母對他的恩情。1983 年，他隨日本戰爭孤兒感謝中國政府代表團訪華，和養父在長春的酒店再會。父子相見，感慨萬分，共敘思念之情，兩行熱淚，執手語噎……

1991 年，養父去世後，他在大連為養父買了墳地安葬。

2016 年，他訪問大連，和中日弟子一起，為中國養父母建立了紀念碑。

他是「中國養父母謝恩之會」名譽會長。2017 年 5 月 8 日至 5 月 14 日，以常松勝為團長、菅原幸子為副團長的第一次「中國養父母謝恩之會」代表

團訪問了中國的北京和東北三省，參觀中日友好相關設施，看望和慰問當時尚且健在的日本戰爭孤兒們的中國養父母。5 月 13 日還訪問了養育他的故鄉——大連。13 日晚上，大連市人民對外友好協會設晚宴招待了「中國養父母謝恩之會」一行。常松勝作為代表團團長在致辭中說：「我是在大連長大成人的，我對大連的印象非常深刻，我了解大連。30 多年前我回到日本。因為我從小就學習武術，至今，已經有 65 年的習武經歷。教授弟子也有 35 年了。我自認為，我致力於向日中兩國人民傳授中國傳統武術，為日中兩國的友好交流事業做出了自己應有的貢獻。兩年前，在駐日中國大使館裏巧遇養父母謝恩會的菅原幸子會長，在受到菅原會長的邀請與中國大使館的支持下，我開始擔任謝恩會的名譽會長。因為我也是殘留孤兒，應該為殘留孤兒們做些力所能及的事情，更應該為目中友好做些貢獻。希望我們共同攜手，搞好日中友好，不斷努力，也把中國的武術傳統世世代代永久傳承下去。」

「中國養父母謝恩之會」在 2019 年 6 月 10 日至 17 日，組織了第二次「日中友好世代傳承訪問團」到中國，常松勝再次作為團長率團訪問中國，這次參加成員有許多是日本戰爭孤兒的後代，帶他們去中國慰問中國養父母，主要目的是讓日本戰爭孤兒感謝中國養父母的事業後繼有人。

在回憶自己的武術生涯時常松勝感慨地說：沒有我的中國養父母就沒有我常松勝的今天。

日本中国归国者养父母谢恩会访问沈阳欢迎会

中国养父母逝者名录

没有中國養父母就沒有我們和他們的今天。

有你們的善良之心！

才有我們今天的幸福！

養育之恩永生難忘！

第九章

養母的乳汁養大的謝恩會會長

——記日本戰爭孤兒菅原幸子

日本有一個「中國養父母謝恩之會」，這是一個二戰結束後，留在中國的日本戰爭遺孤回到日本後，成立的一個民間組織。該組織成立於 2000 年 5 月。這些現在都已經超過 75 歲的老人們，永遠不能忘記在中國東北遼闊的曠野中，在一望無際的青紗帳旁，在戰火摧殘下殘垣斷壁的城市角落裏，那些中國的養父母們，不問恩仇，向他們這些侵略當時貧弱的中國，踐踏萬里錦繡河山，讓億萬生靈塗炭的敵人的孩子，伸出了作為擔負着沉重責任和義務的父親、作為充滿慈愛和深情的母親的溫暖雙手，把他們從啼飢號寒和生死無告中抱回、領回自己的家中，呵護他們，疼愛他們，讓他們在充滿恩愛中長大成人。而在中日建交後，又忍受着不是骨肉，勝似骨肉的親人再次離別的痛苦，一行辛酸淚，萬里送兒歸，把他們送回自己的祖國——日本。

這超越國界，大愛無疆的恩情，怎能不使他們隔海相望，熱淚滿襟？怎能不使他們千般回首，遙望大陸那壯闊的山河？就像他們無私無欲，無悔無怨，泯卻恩仇的中國養父母的寬廣無垠的胸襟……

菅原幸子——養母的乳汁養大的孩子

菅原幸子是一名日本戰爭遺孤，回到日本後一直擔任「中國養父母謝恩之會」副會長、會長，長年以來積極從事感謝中國養父母的工作。

菅原幸子生於 1945 年，她家是從日本來到中國吉林省舒蘭縣的開拓團。

舒蘭縣就是現在的舒蘭市，隸屬吉林省吉林市，位於吉林省的中北部，地處長白山脈張廣才嶺與老爺嶺匯合處，西隔松花江與長春市九台區隔江相望，東北方面與黑龍江省五常市接壤。

舒蘭縣是當時日本開拓團較早進入偽滿的一個縣。當時日本發生了「昭和危機」。1929 年（昭和四年）10 月到 1933 年，在美國發生了席捲全世界

的世界性經濟危機——大蕭條（The Great Depression），其影響也波及英國、法國、德國甚至中國等亞洲國家。從 1930 年到 1931 年，日本陷入經濟危機的狀態，向美國出口的生絲和向亞洲出口的棉織品、雜貨等銳減，鋼鐵、生絲、農產品價格急落，城市中失業嚴重，以養蠶和大米為主要經濟支柱的農村經濟崩潰，大量在城市失業的工人返鄉務農，發生了土地嚴重不足勞動力人口過剩。「昭和危機」是戰前日本的最嚴重的經濟危機。

當時日本長野縣的南佐久郡大日向村（現在的佐久町），由於陷入經濟危機，村裏的生活難以為繼，因此實行「分村」，將村裏的約一半的村民向當時的偽「滿洲國」移民。1937 年 7 月，移民先遣隊進入舒蘭縣四家房，日本戰敗時，這裏曾經存在過有 189 戶、766 人的「分村大日鄉」。

舒蘭縣土地肥沃，把從日本帶去的大豆和小豆等種子撒在田裏，其收獲量令日本人吃驚。他們到了那裏並不只是去開荒，還有當時的滿洲拓植公社從那裏的中國農民和朝鮮族農民手裏廉價收買的熟地和房屋，從而使原來土地的主人——中國農民淪為長工或流離失所。

由於大日向村是日本首個「分村開拓團」，受到當時日本政府的宣傳和讚賞，當時日本還拍攝了電影《大日向村》（1940 年，東京發聲映畫製作所）。

「分村大日鄉」在日本戰敗時開拓團員及其家屬進行了悲慘的「逃難行」，全村約有 375 人死亡，活下來的開拓民於 1946 年 9 月歸國。

另外在還有與四家房鄰接的「水曲柳松島開拓團」，兩個開拓團之間由一大片水田連接。「水曲柳松島開拓團」是以長野縣下伊那郡的村民為中心的開拓團，1937 年進入舒蘭縣水曲柳村。水曲柳村現在是吉林省舒蘭市東北部的鄉鎮，叫「水曲柳鎮」。清光緒元年（1875）建屯。因水曲柳樹較多而得此名，而且是中國現在的惟一的球黏土基地，水曲柳黏土現已定名為「中

國球土」,「中國球土」是中國稀有的非金屬礦產,廣泛用於陶瓷、電子、玻璃、耐火材料、光學玻璃等行業。

民國時期(1912—1931),水曲柳村屬舒蘭縣四區水曲柳保。日本侵佔時期為水曲柳村管轄。「水曲柳開拓團」是長野縣下伊地區送出的最大規模的開拓團,到戰敗前開拓團的人口達 1090 人。戰後在蘇聯紅軍的進擊和飢餓、寒冷及集體自殺中,「水曲柳開拓團」的約 1000 人中,約有 300 人死亡。

菅原幸子一家不知是屬於這兩個開拓團中的哪一個。當時她的母親飢寒交迫,和一個阿姨抱着兩個月左右的她一起逃難,路過吉林蛟河的一個小村莊。當時的蛟河縣在北部與舒蘭及黑龍江省五常縣毗連,是舒蘭縣的臨縣。

她們路過的地方人煙稀少。夜色漸濃,她們又冷又餓,在瑟瑟顫抖中,看見漆黑的夜色中有油燈一盞,那是一戶人家,就們就順着燈光走了進去。

這家人家姓王,非常貧困,家徒四壁。雖然家裏沒有什麼糧食,但是還是熱心地收留了她們。阿姨去了下屋,菅原幸子的母親留在上屋和這家人家一起吃飯。

當時正處戰亂時期,土匪橫行。據吉林市政府網頁 2012 年 2 月 15 日登載的《吉林地區的剿匪鬥爭》一文介紹:解放戰爭時期,吉林地區曾兩次出現土匪,進行破壞活動,俗稱「鬧鬍子」。一次是 1945 年「8．15」之後;一次是 1946 年「5．28」之後。為了鏟除匪患,遵照中共中央、東北局《關於剿匪與發動群眾的指示》,吉林四周各縣黨政軍進行了一場卓有成效的剿匪鬥爭。

僅據永吉、磐石、樺甸、蛟河、舒蘭 5 縣及吉林市的統計,解放戰爭出現的匪隊有 80 餘股,8000 餘人,其中危害較大的有吉林市「洋毛子」、「姚團」,永吉的「德勝軍」、「長白軍」,磐石縣境內的「林森」、「九江」,樺

菅原幸子在第二次「日中友好世代代表團」訪華招待會上
池田英子攝影

甸縣「陳大隊」、「九江好」，蛟河縣的「平推」、「關四虎子」，舒蘭縣的「青山好」。

這時菅原幸子落腳的王家也來了一群土匪，他們是來找吃的。看見和他們一起吃飯的菅原幸子的日本媽媽，就說：「這不是日本娘們兒嗎？」於是他們將她的媽媽拖下火炕拉走了，扔下不滿週歲的菅原幸子。王家的主人前來阻攔他們說：「你們搶走了她，這個未滿週歲的孩子怎麼辦呀？」土匪們

說：「摔死！」。

王家是一家善良的人家，怎麼忍心把這麼可愛的孩子摔死？土匪走後，一家人在一起商量，他們希望菅原幸子的阿姨能把她帶走，但是阿姨說自己也在逃難，無法帶走這個孩子。

當時王家的女主人剛剛生下一個女孩死掉了，已經死了 7 天了，母親的奶水已經回去了。

有人說：讓這個孩子吃奶，如果奶下來了，就說明她命大，就把她留下；如果奶下不來，那就沒有辦法了，也沒有東西餵她，她就會餓死的。

人們就讓菅原幸子吸吮這王家女人的乳房，沒想到奶水還真的下來了。於是這家人就收養了菅原幸子。

那時收養日本人的孩子在當地也是不得了的事，於是家裏人趁着風高月黑，把菅原幸子的衣物和帽子等都偷偷拿到後山燒掉了。

從此菅原幸子就冒名頂替，冒充他家那個死去的女孩，成了這家人家的女兒。

王家收留了菅原幸子後，怕她的阿姨再遭遇土匪，把她頭髮都剃光了，戴上帽子，穿上男人的衣服，送走了她。

這樣，這家人家一直等着菅原幸子的母親來接孩子，一等就是 5 年，但是她的日本母親一直沒有回來，於是她就成了王家的長女。

菅原幸子說：因為家裏就一個女孩，養母挺偏愛我。撿了我之後，又生了一個小姑娘，但是生下不久後又死去了，於是我又接着吃奶，一直吃到 6 歲，所以我身體非常好。

養父母對我都很好，但是管教得比較嚴。養母有時會打我，但是我不認為那是對我不好，而是嚴格要求，我當時也十分淘氣。她教育我寬厚待人，為人處世要善良，不計較，借東西低秤借高秤還，借平碗還尖碗等等，

菅原幸子的養父母，均已去世
菅原幸子攝影、提供

這些對我後來的人生都有很大的意義，而養父從來也沒有打過我，對我十分
疼愛。

後來養父母又生了三個弟弟，都是菅原幸子幫着帶大的，因為家裏就一
個女孩，養母一直對她十分寵愛，弟弟們在和她打架時，有時會說：你不是
我們家裏的人，不要在這裏了。

母親就會勃然大怒，痛罵弟弟們。

菅原幸子一共唸了 6 年半書，學習成績特別好，先後任中隊長、大隊長
等。得了很多獎狀，家裏的整個屋子裏貼滿了獎狀。

由於當時家庭生活特別困難，養父住院，養母幫人拉架，讓人家把腿打壞了，需要人照顧，菅原幸子唸了半年初中就退學了。

菅原幸子也很擅長文藝，當時八一電影製片廠、瀋陽歌舞團、長春話劇團、吉林曲藝團等到地方選拔演員，菅原幸子有好幾次都被選中了。但是母親不同意她搞文藝工作，因此她 17 歲參加工作，一直幹了 33 年貿易和商業工作。

菅原幸子 1967 年結婚，當時家裏 6 口人，靠養父每月以 56 元的工資養家糊口。結婚時家裏也沒有什麼嫁妝。她帶走了自己每天蓋的被子，鄰居家送個洗臉盆和一個暖瓶，單位的同事送了一個鏡子和一套茶壺就算嫁妝了。

由於家裏人口多，生活困難，菅原幸子每月交給養母 10 元錢補貼家用。1979 年養母身休不好得了肺癌，沒有錢治病，菅原幸子和丈夫商量，

第一次「中國養父母謝恩之會」代表團訪問中國，錦旗左為菅原幸子
歸國者佳西攝影

第一次「中國養父母謝恩之會」代表團訪問中國
歸國者佳西攝影

把新買的鳳凰牌自行車賣掉，給母親治病。1983 年養母去世，母親去世時
穿的壽衣，從裏到外一共 4 套，都是菅原幸子親手一針一線縫製的，從看病
到喪葬費也是菅原幸子負擔的。

1987 年 2 月，菅原幸子去日本尋親，養父不在家，回來聽說菅原幸子
去日本了，以為女兒不能回來了，一急之下病倒，後來診斷為胃癌。菅原幸
子從日本回來後，就全身心投入照顧養父，住院護理全由菅原幸子和丈夫照
顧，一切費用也是菅原幸子負擔。當時菅原幸子 13 年沒漲工資，收入非常
少，她就向同事和朋友借錢給養父看病，但是養父的病沒有治好，於 1987
年 10 月 5 日去世了。

由於當時菅原幸子家住一間房子，沒能把養父接到自己家中住，但是

養父經常過來吃飯。幾次住院都是菅原幸子照顧，只要他想吃什麼，菅原幸子就給他送去，養父說她是「救命恩人」，菅原幸子說：「您才是我的救命恩人。」養父聽了後笑了，他說：「也是，我要不收養你，你早就讓鬍子摔死了。」

回國後不忘向養父母謝恩

回到日本之後一切從頭開始，菅原幸子先在 Fuji Citio Co, Ltd. 工作，是在該公司的神奈川縣的大船超市裏做便當、壽司、熟菜等，由於在中國養成的吃苦耐勞的精神，工作認真、效率高、成績好，受到店長的嘖嘖稱讚，把她當做「店中之寶」。菅原幸子的丈夫在大船的電器製品廠工作，兩個女兒也都有工作，一家人收入不菲，生活幸福。

後來兩個女兒先後結婚生子，菅原幸子開始考慮能讓一家人在一起工作的路子，於是辭去了超市的工作。

她開始想開一家物產店，在吉林市時，她是一家觀光物產店的總經理，她想從中國進貨，在日本橫濱開一家「吉林物產店」。但是押金和房費都很貴，最後決定在神奈川縣藤澤市的鵠沼海岸開一家中華料理，找到一家店鋪，租金和裝修費達 600 多萬日元，全部是他們家自己的存款，一分錢都沒有借。她家的中華料理店叫「興樂園」，一家人都在中華料理店裏工作，二女婿在吉林市時就是酒店裏的廚師，菅原幸子家的「興樂園」純正的中國味道使千客萬來，每天滿員。

由於經營順利，菅原幸子家的中華料理店從一家增加到三家。在工作之餘，她還先後擔任「中國養父母謝恩之會」副會長和會長。她曾作為副團長，帶領「中國養父母謝恩之會」兩次訪問中國。

2007 年 4 月 12 日，當時訪問日本的中國總理溫家寶，在日本國會發表講演，他特意提到「中國養父母謝恩之會」，他說：

中國老一輩領導人曾多次指出：那場侵略戰爭的責任，應該由極少數軍國主義分子承擔，廣大日本人民也是戰爭受害者，中國人民要同日本人民友好相處。在戰火紛飛的年代，聶榮臻元帥在戰場上救助日本孤兒美穗子，親自精心照料，並想方設法把她送回到親人身邊。1980 年，美穗子攜家人專程去中國看望聶帥。這個故事感動了許多人。戰後，有 2808 名日本孩子被遺棄在中國，成為孤兒。飽受戰爭創傷的中國人收留了他們，把他們從死亡線上拯救出來，並撫育成人。中日邦交正常後，中國政府為這些遺孤尋親提供了極大的幫助。至今已有 2513 名日本遺孤返日定居。他們當中許多人回國後，自發成立了諸如「中國養父母謝恩會」等民間團體，並在中國捐建了養父母公墓和「感謝中國養父母碑」，其中一個碑文這樣寫道：「我們對中國養父母的人道精神和慈愛之心深深地感激，此恩永世不忘……」

2017 年 5 月 8 日至 5 月 14 日，以常松勝為團長、菅原幸子為副團長的第一次「中國養父母謝恩之會」代表團訪問了中國的北京和東北三省，特別是 5 月 10 日，他們來到了黑龍江省方正縣，訪問了那裏的「中日友好園林」。園林內有方正地區日本人公墓、麻山地區日本人公墓、中國養父母公墓、中日友好之碑等。

1945 年 8 月，日本戰敗。自 1945 年 9 月至 11 月期間，數萬日本開拓團等難民拖兒帶女逃難，在飢寒交迫之中留下一片屍骨，許多人在絕境中

集體自殺⋯⋯至 11 月左右，集結在方正縣的難民達到 10 000 餘人。缺衣少食，寒病交加，一萬餘開拓民至 1946 年 3 月，死亡達 5000 餘人，餘者 4000 餘人的婦女和兒童被當地的方正人民領回家中。他們成為當地人的妻子、養女、養子，在死亡線上獲得了拯救。1962 年，一名叫松田千尾的留在中國的日本婦人，在開荒時發現了大量白骨，這是上述的那些死亡的日本開拓民的屍骨。她找到當地政府，希望政府能給這些日本人的屍骨找個安葬的地方。1963 年，中國政府在中華人民共和國總理周恩來批示下，在方正縣建立「方正地區日本人公墓」。黑龍江省政府撥款 10 000 元，在吉興村水庫東側，炮台山西北用水泥修建了圓形拱頂、水泥質地的「方正地區日本人公墓」。園林中還有麻山地區日本人公墓，公墓下埋葬的是在麻山地區集體

中國養父母公墓
石金楷攝影

中國養父母逝者名錄
石金楷攝影

中日友好園林中紀念建築
石金楷攝影

第九章　養母的乳汁養大的謝恩會會長　│　219

自殺的 500 多名開拓民的屍骨，為便於集中管理，1984 年，麻山地區日本人公墓從遼寧雞西遷至於此。

「中國養父母公墓」建於 1995 年 5 月，是由 1974 年從方正縣回日本定居的日本遺孤遠藤勇先生捐建的。他 6 歲時曾被方正縣慶豐村劉振權、呂桂雲夫婦收養。中國養父母公墓佔地 624 平方米，有一座高 3 米的花崗岩石碑，上書「中國養父母公墓」。公墓正門兩側書有醒目大字「養育之恩，永世不忘」。

此次訪問團的大部分成員是當時日本開拓民的子女，他們聽了這段歷史後感觸很深，像是在傾聽自己的家史，同時也再次引起可他們對中國養父母的深切懷念。

5 月 10 傍晚，哈爾濱市日本遺孤養父母聯誼會為訪問團一行舉辦了歡迎宴會。出席宴會的還有日本遺孤養母李淑蘭（91 歲），訪問團成員尊敬地稱呼她為老母親，感謝她和中國養父母們，大愛無疆，養育了 2000 多名日本遺孤。

李淑蘭老人收養過一名日本 5 歲的遺孤，後來回到日本，據說因病未能來中國探望養母。

據《北京青年報》《日本遺孤來華感念中國養父母 90 歲老人：我的姑娘沒來》一文介紹：

> 李淑蘭還記得第一次見到養女的場景。剛從難民所出來，5 歲的孩子骨瘦如柴，耷拉着腦袋，胳膊幾乎同大人拇指一般細，身上還爬着虱子。
>
> 她的日本母親比劃了半天，大意是有 4 個孩子，已無力帶這個最虛弱的女兒回國，希望李淑蘭能暫時收留她。那是 1945 年 8

月，日本已宣佈戰敗，關東軍倉皇撤退，日本開拓團團民被日本統治集團及關東軍所拋棄，只能四處逃亡。

「她可能覺得孩子跟着我們不會捱餓。」李淑蘭同丈夫當時在長春街 133 號開粥鋪、賣包子。夫婦結婚 4 年，未生育。

「國家之間的事情咱也想不了那麼多，當時也不知道這樣做對不對。」李淑蘭夫婦遵從質樸的人道主義觀念，收留了小女孩，並給日本婦女 200 元（偽滿洲國貨幣），作為回國路費。而當時賣一個包子，僅賺幾分錢。

被問到為何收養侵略者的孩子時，李淑蘭老人說，就是見孩子可憐，只想着把她救活。「雖然日本侵略過我們，但他戰敗了，咱不能欺負他們（平民）。」

李淑蘭很少跟人提及，她本人就同大女兒命運相似。一歲時被寡母送人，養父母待她一直視如己出。甚至最困難的時候，養父寧願親生兒子寄養在弟弟家，也要把養女拉扯長大，直至出嫁。

（見 2015 年 7 月 15 日《人民網》）

據哈爾濱市日本遺孤養父母聯誼會 2021 年 1 月 7 日發佈的《訃告》，哈爾濱市日本遺孤養父母聯誼會會員、日本遺孤養母李淑蘭老人，因病醫治無效於 2021 年 1 月 6 日中午 12 時 53 分在哈爾濱市逝世，享年 94 歲。

李淑蘭老人生於 1927 年 10 月 20 日，祖籍遼寧省瀋陽市，1943 年來到黑龍江省哈爾濱市居住。1945 年日本戰敗投降後的 11 月份李淑蘭與丈夫田海春在哈爾濱市收養了時年 5 歲的日本遺孤，將其撫養成人。

1980 年 5 月，養女的日本生母與李淑蘭取得了聯繫，1981 年 9 月養女一家回到日本大分縣定居。

菅原會長與李淑蘭老母親合影
池田英子攝影

　　李淑蘭老人一生勤懇善良，樂於助人，是哈爾濱市日本遺孤養父母聯誼會早期的會員之一，多年來結識了眾多中日民間友好人士，為促進中日民間友好往來做了大量工作！

　　在宴會上，菅原幸子介紹了日本戰爭孤兒回到日本後生活經歷，並將寫有殘留孤兒國家賠償訴訟奮鬥史的一部著作贈送於養父母聯誼會。李淑蘭母親在宴會上說深情地說：「謝謝大家特意來哈爾濱看望我，你們沒有忘記養父母的養育之恩，我很感動，我也很愛你們，只要你們好好的我就放心了。當年撫養你們是我應該做的，不要感謝我。」

　　菅原幸子聽了李淑蘭老母親溫暖而充滿慈愛的話語後激動地說：「這是我們第一次來哈爾濱訪問，以前迫於生活，忙於工作，沒能來看望養父母，沒能及時跟大家交流，我們深感慚愧。今後，我們要多交流往來，甘願致力

拜謁中國養父母公墓
歸國者佳西攝影

團員們向李淑蘭老母親敬酒
歸國者佳西攝影

於日中友好事業。我們養父母謝恩會位於日本橫濱，雖然有些時候我們不能及時掌握交流的信息，但是我們願意去努力。現在，我們孤兒已經是古稀之年，前半生在中國，後半生回到祖國日本。但是祖國又像是異國他鄉，因為我們語言不通，生活習慣不懂是怎麼一步一步熬過來的，闖過來的，只有我們孤兒自己心裏知道。我們希望在有生之年回報日中兩國社會，回報養父母，讓你們放心，讓九泉之下的世界和平有着深遠意義。希望我們日中兩國人民世世代代永遠銘記歷史，多為兩國的友好和平做貢獻。」

把感謝養父母的事業傳給第二代

「中國養父母謝恩之會」在 2019 年 6 月 10 日至 17 日，組織了第二次「日中友好世代代表團」到中國。

菅原幸子說：為了使由中國養父母和日本遺孤承載的、有特殊意義的日中友好世代相傳，我們中國養父母謝恩會在 2019 年 6 月 10 日至 17 日，組織了第二次「日中友好世代傳承訪問團」到中國。其特點是團員大部分由遺孤的後代組成。由著名友好人士菅原幸助先生早年發起組建的「中國歸國者福祉援護協會・中國歸國者自立中心」，現任理事長末崎勇夫婦和前理事長、副理事長等友好人士也參加了這次中國之行的感恩活動。

這次活動的目的是將日本遺孤對中國養父母和中國政府的感恩之情世代傳承下去，讓我們遺孤的後代進一步認清當年的戰爭給日中兩國人民和他們的父輩帶來的災難和人生的悲劇，以及無數的家庭妻離子散、家破人亡、生離死別。讓他們知道是善良的中國人民、中國養父母歷經千辛萬苦將我們撫養長大、讓我們接受教育成為社會有用之材。幫助我們成家立業、有了子孫後代。沒有中國養父母就沒有我們和他們的今天。讓他們了解到日中友好世

代傳承的重要意義，永遠和中國和平共處、做日中友好的橋樑。熱愛和平，永遠不讓戰爭的悲劇重演，讓日中友誼之樹萬古長青！這也是我們舉辦謝恩活動和養父母謝恩會的目的、宗旨和責任所在！

因為我們有兩個祖國母親，哪邊有事都要支援中國，開奧運我們打着大旗去長野支持；四川發生大地震，我們打着大旗發動多名中國歸國者分佈在橫浜市各街頭募捐。把捐到的 150 萬日元款項送到中國大使館，受到當時崔天凱大使頒發的感謝狀。日本東日本大地震、熊本地震，我們捐款 80 多萬日元送到橫濱市政府和共同募基金會。2020 年新冠疫情發生，我們向中國大連、瀋陽、黑龍江省等捐贈口罩一萬枚，並捐款 80 萬日元送到中國駐日大使館。這些都是「中國養父母謝恩之會」為日中友好做貢獻，報達中國養育之恩的實際行動。我們組織孤兒二代訪問中國的目的就是，第一代孤兒年齡大了，希望第二代繼續把他們的心願帶回中國感恩，拜謁養父母公墓，探望健在的養母，向中國政府彙報我們感恩的心，沒有善良的中國人民，就沒有我們的今天。通過探望和拜謁，讓九泉之下的養父母安心，有你們的善良之心！才有我們今天的幸福！養育之恩永生難忘！

他舉行這種活動的目的，
就是要把養父母和殘留孤兒的故事流傳下去，
直至永遠……

第十章

大愛無疆 不問親仇

—— 日本戰爭孤兒採訪札記

在採訪中國戰爭孤兒國家賠償訴訟的過程中，我接觸了許多孤兒，他們向我講述了許多故事，講述了他們和中國養父母那超越國與仇的骨肉深情，令他們終身難忘，老淚縱橫……

佐野英子：思念與遺憾

戰爭孤兒佐野英子告訴我，1945 年，他們一家姐妹三個和父母都各自離散，當時她才 5 歲，被送到了一戶中國人家裏。這戶中國家庭對她不好，她就跑了出來要找自己的媽媽。她在馬路邊坐到天黑，沒有等到媽媽，卻等來了黑夜的降臨。她哭了。這時來了一個老婆婆，問她為什麼哭？她說她要找媽媽，這位老婆婆說：我領你去找你媽媽。她聽罷很高興，於是這位老婆婆把她帶到了一個中國人的家裏，也就是她的養父母的家。

養父叫吳錫珍，是一位園林技工，養母是一位主婦。他們很喜歡這個新來到家裏的小姑娘，給她拿出糖果吃，拿出許多玩具給她玩。從此，她就成了這個家庭中惟一的女兒。

對於中國人來說，她是敵國的孩子，養父怕別人知道這件事情會加害於她，在她到來一星期以後，就搬家搬到了遼寧省撫順市。

佐野英子說，當時她家裏生活比較富裕，她是養父母的掌上明珠，他們從來沒有打過她，養母更是一位非常慈愛的母親，甚至沒有訓斥過她。她比鄰居家的孩子吃得好、穿得好。雖然在她的記憶中，她記得自己母親的頭型和現在的母親不一樣，但是養父母的慈愛使她已經不能相信他們不是自己的親生父母。

佐野英子說，只要她要什麼，養父母總是儘量滿足她。記得那時養父非常喜歡進口手錶，他當時工資也不高，存了很長時間，存了 200 多塊錢，託

人在美國買了一塊手錶。父親對這塊手錶愛不釋手，她看見了，也很喜歡。養父二話沒說，就把這塊手錶給她戴了。

可是在一次乘公共汽車時，她不慎把這塊珍貴的手錶丟了。養父可能也很心痛，但是他什麼也沒有說。她還聽見養父對養母說：「你可不要說她什麼呀，那塊錶丟了，她自己也是很難受的。」

佐野英子在 1978 年結婚，有三個孩子，從來沒有去過保育院和託兒所，都是養母帶大的。夏天的單衣和冬天的棉衣都是養母一針一線親手做成，孩子們直到現在還都懷念姥姥。

後來離散的姐姐找到了她，告訴她她是日本人，但是她愛自己的養父母和丈夫孩子，一直也沒有回日本。

後來丈夫在 52 歲的時候因患腦溢血去世，養父看她帶三個孩子很困難，加之養父被「文化大革命」嚇怕了，就勸她回日本。

1989 年，她帶着三個孩子回到了日本。她說，剛回日本時，她非常苦惱，她在中國時養父母和丈夫都非常疼愛她，她沒有吃過苦，而回到日本後她拿着微薄的生活補助金照顧三個孩子的生活，語言不通，舉目無親，苦不堪言……

她最大的遺憾是養母死時她沒有在她老人家身邊。本來他們家和養父母家一直住在一起，是個和睦的大家庭，他們一走，家裏頓時變得很冷清，養父母很苦悶。一年以後，養母就得病住院了。

當時的醫藥費很貴，注射一針就要 200 多人民幣，佐野英子在電話裏對養母說：多貴也要治病，我來負擔你的醫療費。說到這裏佐野英子歎了一口氣說：「我是這樣說呀！可是當時我們一家只能拿這樣一點點生活保護費，哪裏有錢？」

在養母彌留之際，養母的妹妹拉着養母的手說：你一定要再挺挺啊！你

的女兒就要從日本來看你啦。

可是那時佐野英子剛來日本不久，語言不通，再加上正是新年，飛機票極難買到，等她買到飛機票回到撫順，養母已經去世20多天了。

這成了佐野英子終生的遺憾。2007年2月2日，我來到佐野英子的家，她雖然剛剛搬到這裏，但是養父母的遺像已經端端正正地供在了櫃子上的水果和鮮花叢中。

在佐野英子的家，我還看到她的養父親手栽培的一盆濃綠的觀葉植物，它來到了萬里之外的異國，但是枝葉仍然那樣柔美，像是在默默地講述着一個柔得讓人心痛的故事。

山田拓：從棄兒到軍醫

在我採訪山田拓時，他看上去是一個很文雅的中年人，談起他的身世，他的眼睛紅潤了。

1945年1月，他出生在中國黑龍江省東寧縣。1945年8月，日本戰敗，上面一聲令下，東寧的日本人都撤走了。有許多中國人去日本人家裏揀沒來得及拿走的東西。

當時山田拓養父家的姐姐17歲，哥哥15歲，他們也去日本人家揀東西。可是他們在回來的路上，在路邊的草叢裏發現了一個嬰兒，從穿戴上看可以知道這是個日本人扔下的孩子，他們就把他抱到了家裏。養父見了很吃驚，說：現在兵荒馬亂的，你們怎麼還揀了一個日本孩子回來？姐姐說：他怪可憐的，還在發燒，咱們救救他吧。

養父答應了孩子們的要求，找來中醫，治好了這個日本嬰兒的病。這個嬰兒就是山田拓，從此，他就生活在了這個家庭裏。當時養母已經45歲

了，還是小腳；養父已 49 歲了。

也是為了不讓別人知道山田拓的身世，養父一家在 1946 年初從東寧搬到了黑龍江省牡丹江市，靠養父做一些小買賣度日。

山田拓說，養父母對他和親生兒子一樣疼愛。記得在他七八歲那年，天在下雨，他去外面上廁所，那時沒有下水道，人們都在院子裏挖滲水坑，大約有一兩米深。鄰居家的一個滲水坑，上面的頂蓋已經塌了，但是還有一塊土留在上面，像一個小橋一樣。他覺得很好玩，就走了過去，沒想到「咕咚」一聲掉了下去。

養母在家裏等了半天沒見兒子回來，就出來看，發現兒子掉進了水坑，她大驚失色，連忙叫來了養父，把他救了上來。那天夜裏，他發了高燒，養父養母一直守了他兩天兩夜，直到他退燒。

在他中學二年級時，養父去世了。失去了主要勞動力，家裏的經濟也變得很困難，但是養母和已經成年的哥哥、姐姐對他說：無論發生了什麼事情，我們都會繼續供你唸書，你一定要把書唸好。

這樣，在高中畢業後，山田拓順利地考上了軍醫大學，畢業後成為一名軍醫。1971 年，為了照顧年邁的養母，他從部隊轉業，到牡丹江醫學院附屬醫院做外科醫生。

直到 2000 年，已經 73 歲高齡的姐姐才把他的身世告訴他，並給他兩件保存了 50 多年的兩件小衣裳，姐姐撿到他時，他就穿着這兩件小衣裳。

一個莊重的承諾：讓這個日本孤兒半生順利

土佐範俊是一位生長在中國遼寧省撫順市的日本戰爭孤兒。一般戰爭孤兒在中國的時候，都會由於他們是日本人的緣故，在政治生涯中並不順利，

入黨入團就更受影響，但是土佐範俊卻是一帆風順，入黨入團都沒有受到影響，這是為什麼呢？據他自己說，這主要是因為養父母在他滿月的時候為慶祝他的滿月，舉行了一次「滿月宴」，並得到了參加「滿月宴」的人們的莊重承諾。

日本戰敗前，土佐範俊的生身父親和養父都在撫順炭礦（煤礦）工作過，不僅認識，而且關係也不錯，他們家當時都住在撫順的日本街，生母和養母相識，而且有交往。

撫順炭礦是 700 多年前高麗人開採的煤礦，是鐵路附屬地，先是俄國資本鋪設東清鐵路南滿支線，日俄戰爭後的 1905 年，鐵道及其附屬地移交日本，1907 年開始置於南滿鐵路的管理之下。煤礦周圍有大片的鐵路附屬地（滿鐵附屬地），在車站和煤礦周圍建設了新市區，由滿鐵實行行政管理。偽滿時撫順的附屬地人口超過 10 萬，當時那裏有很多「日本街」。

日本戰敗前，其生父已離開撫順。戰敗日僑撤退時，其生母帶着一個三歲小男孩，把剛生下的小男嬰（1945 年 11 月 12 日，陰曆十月十三日生）土佐範俊，在生後十幾天，臍帶還沒掉下來的時候就送給了冉姓的中國養父母，冉家為他起名為「冉凡俊」。

養母當時 27 歲，一直沒有生育。土佐範俊出生時正值日本戰敗後的混亂時期，把他送給冉家養父母的時候嚴重營養不良。為了給土佐範俊增加營養，養父母家裏變賣了許多財產，精心養育，使他成為又白又胖的小小子，有外號叫「小回回」。

在土佐範俊滿月的時候，養父母家為他辦了一個「滿月宴」。

中國古代的醫療條件和生活環境都比較差，嬰兒的夭折率很高，所以一旦滿月了，就代表孩子順利度過一大難關，要舉行慶賀儀式，這種習慣一直延續至今。通常要舉行「滿月宴」，喝「滿月酒」，親戚朋友一起來慶祝，

送小孩衣服、佩飾及各種食品等。

而在土佐範俊的滿月酒宴上，親戚朋友們紛紛送來銀鎖、銀鐲、小鞋、小帽、小米、雞蛋等，冉家大擺宴席，招待鄰居和親朋好友等。

大家雖然知道土佐範俊是日本孩子，但是在滿月酒宴上土佐範俊的父親向大家正式宣佈：從今天開始，這個孩子就是我們冉家的親生兒子，你們要多多照顧。養父母要求大家保守這個祕密，並希望大家遵守諾言。

眾親朋好友們都當場許諾：這個你們放心，我們一定不會亂說。

土佐範俊到了冉家後，養母又生了兩個弟弟和三個妹妹，在家裏的兄弟姐妹中，養父母對他最好，最疼他。父親是山東人，脾氣大，發起脾氣來有時會打孩子，但是對土佐範俊連一個指頭都沒有碰過，也沒有罵過他。養母也是一樣，土佐範俊小時候很淘氣，淘得太甚了養母頂多就是訓斥幾句，但是弟弟們淘氣時有時會捱打。

當時土佐範俊在小學時學習成績很好，養父母也經常去參加他們學校的家長會，為自己的兒子驕傲。土佐範俊學習成績優秀，文體都比較擅長，中學時是學校合唱隊和足球隊的成員，也曾是市裏少年足球隊的隊員。小學畢業時除了珠算以外都是 5 分，因此上中學的時候是保送的。

俗話說上高中就意味着要上大學，考上考不上是另碼事了。土佐範俊後來考上了高中，但是父親是技師，雖然掙得工資也不少，但是因為弟弟妹妹很多，養父母很辛苦，再逢上三年自然災害，把家產、家具全部變賣換成糧食，總算使正處在成長期的土佐範俊兄弟姐妹都活了下來。土佐範俊說：記得我們有台八成新的日本富士自行車，換了三百斤大米，救命的米呀！那時地方糧票三塊錢一斤，全國糧票五塊錢一斤。土佐範俊覺得自己應該幫家裏一把，不上學，還有好幾個同學，一起不上學，逃學去找工作。後來老師家訪，說像冉凡俊這樣的孩子，學習成績這麼好，學下去考上好大學是沒有

問題的，應該繼續好好讀書。但是土佐範俊執意要參加工作，為父母分憂。1962 年，他工作了。

土佐範俊說：剛剛參加工作的時候，幹的都是體力活，挖大溝、抬石頭，把肩膀都壓出了血。養母看見後十分心痛，不禁掉下了眼淚，說別幹了，有我和你爹在，還沒有吃不上、喝不上的時候，你只管上你的學，上大學好給老冉家爭光。我說別人都能幹，還有女孩子呢。我也能幹，克服克服就好了。我說公司有紅專學校，下班後可繼續上夜校，讀高中班，我也是這樣做的嘛。在我執意要求下，父母默許了，但是當時為了我的工作，全家喝稀的，為我撈乾的，每人三兩油炒菜，給我中午帶。也由於我的工作，增加收入的部分，可買議價糧，全家可以吃飽飯了。

1963 年，中國共產黨八屆十中全會以後，由中國共產黨中央委員會主席毛澤東主導在中國農村推展一場政治運動，也就是「社會主義教育運動」，又稱「四清運動」。所謂「四清」就是「清工分、清賬目、清財物、清倉庫」，後來擴大為「大四清」，即「清政治、清經濟、清組織、清思想」，由於「文化大革命」爆發，四清運動於 1966 年夏全面停止。

當時土佐範俊在單位裏算有文化的人，再加上家庭出身好，政治清白，就調他去參加「四清工作隊」，但是當時他還不是共青團員，組織上要求他入團，他說：我還不夠。組織上說：你夠了。在動員他入團的當天晚上，就召開團支部大會，讓他寫了申請書，加入了共青團。過了幾個月，土佐範俊又加入了中國共產黨，年僅 18 歲。

後來土佐範俊的身份公開以後，一個知情人告訴他：為什麼你入黨、入團能夠那麼順利呢？其實當時對你的調查主要就是調查你的是不是日本孩子的事，但是你周圍的那些人都為你瞞得太好了，都說參加了你的「滿月宴」，有的說我拿去了 100 個雞蛋，有的說我拿去了長壽麵，大家都一致證

明你是冉慶堂的親生兒子。

　　四清運動結束，土佐範俊調到了黨委宣傳部工作。「文化大革命」到了1969 年的「清理階級隊伍」階段，土佐範俊並沒有受到什麼衝擊。但是他養父被揪鬥出來，因為在偽滿的時候，他當過「大票」，相當於現在的「施工隊長」，「大票」的上面就是「把頭」。只不過他對下面的人非常好，不克扣工人工資，不打罵人，沒有民憤。「革命委員會」把他父親打成「歷史反革命」和「現行反革命」。土佐範俊成了「可以教育好的子女」，貶到基層班組，重新參加體力勞動，相處的對象也告吹了。以後在整黨的時候土佐範俊說：真有意思，舉起我的左手我是中國共產黨員，舉起我的右手是可教育好的子女，一下子變成另類了。我二弟在部隊也進了步兵學院了，因父親問題，提前轉業。

　　那時土佐範俊每天陪着父親捱批鬥，還要表態講話，精神上受到了很大的打擊，不喝酒的土佐範俊，開始經常買回一些熟食和酒，和父親一起喝酒，安慰父親，為父親解憂。他對父親說：你的那點兒事不算什麼事，我搞過「四清」，懂得些政策。當時通知把他們一家遣送下鄉。土佐範俊安慰父親說：爹你放心，就是下鄉，弟弟妹妹身體都好，都能養活自己，家裏有我和二弟呢，你什麼都不要擔心，都不要怕。

　　由於父親遭批鬥，身心受摧殘，身體患病，有一天土佐範俊陪父親到醫院看病，人們都用驚異的眼光看着我。院長對我說：凡俊呀，你膽子真大呀，別人和父母劃清界限還來不及呢，你還敢陪着老爺子來看病？！你可真行，立場問題呀！哈哈哈……以後老爺子看病不用你來，直接找我。這位院長是轉業老軍醫，心裏一片光明。

　　1972 年父親的問題給予平反，土佐範俊先後擔任黨委辦公室主任和基建處長等，由於「文化大革命」中參加了群眾組織，又貶到落實政策辦公室

擔任主任。他想盡一切辦法為那些在歷次運動及「文化大革命」遭受打擊的人落實政策，平反了歷次運動及「文化大革命」中多件冤假錯案，為那些在「文化大革命」中等遭受打擊的人落實了政策，先後被評為市級先進落實政策幹部及帶隊（知識青年）幹部等。

1982 年，從日本厚生省傳來信息，認定土佐範俊是日本戰爭孤兒。土佐範俊從那時起就開始愁了起來，因為養父母對他太好了，什麼都可着他，他不忍離開養父母，養父母也很捨不得他。

1986 年，土佐範俊去日本尋親，養母和妹妹一直把他送到北京。養母在和他離別時淚流不止。他尋親回來以後，妹妹告訴他：你去日本的半個多月，媽根本就沒有睡好，沒吃好，就是怕你不回來，每天流淚。看到母親這個樣子，土佐範俊真的捨不得離開母親。記者採訪他，他說我現在在中國一切都很好，比上不足，比下有餘，因此就不回去了。

當時大家都勸他回日本，說別人都挖門鑽窗的想出國，你這麼好的條件還不走？他也在猶豫。但是他一直沒敢和養母面對面說過回國的事。

後來父親去世，母親就到土佐範俊這裏來生活。1989 年，土佐範俊決定回國的時候，在家裏擺了一桌酒席，但是母親和弟弟、妹妹都只是掉淚，飯也沒吃，只是悶頭喝酒。

他對筆者說：剛才和你說我養父養母的事兒，但是我在任何場合上都不承認他們是我的養父養母，我都是說我父親、母親或者是我爹、我媽。不願意說什麼「我的養父養母」。我認為他們就是我的父親、母親，我爸我媽。特別是回日本臨走的那一天，全家在一起吃飯那件事，我終身難忘。從那天開始，我的眼淚就一直沒斷。因為那畢竟是含辛茹苦，養了我 40 多年父母呀。我坐飛機走了以後，我弟弟妹妹後來和我說：你轉身一走我媽就開始大聲痛哭了，誰也攔不住了，一直哭到撫順，哭壞了眼睛。後來我的一個朋友

的母親一直陪着我媽哭，母親的眼睛以後又治好了。當時我們都有保證人，看我們母子離別後如此痛苦，在我們來到日本不到一年時就說：哎呀呀，這麼地吧，我做保，請你母親來一趟吧！就這樣，我母親來了日本，看着我們的生活，就放心了。中國人，中國的媽媽，中國的爸爸，含辛茹苦把我拉扯大，送我上學，又參加工作，又給我成家，又幫我帶孩子，中國父母的恩情天大地大，山高海深。真的，真是呀，我用一句話概括不出來。我只能說偉大吧，那種襟懷，有多寬廣啊！

土佐範俊回日本以後，先打臨時工，做過刷碗工、清掃工、便利店後廚、配管工等。當時中國有人來電話問他怎麼樣？他說：千頭萬緒，百感交集，滿腔苦衷，一言難盡。後來在一些場合他還說過：要像小孩一樣說話，沒有小孩的腦袋；要像年輕人一樣幹活，沒有年輕人的體力；在中國活幾十年，沒有養成自我生存的能力，一切從頭開始。後來他在大成建設下面的一家公司做施工和畫竣工圖的工作，隨着日本經濟的衰落，公司關門，又到技術學校學習電器，學到的知識沒有用上，又到一家銅加工廠工作，公司南遷，他歲數偏大，沒去。後到一家日本公司，派遣到中國做污水處理工程的工作，直到退休。對於他來說，到日本是一個由不適應到適應的過程。

土佐範俊43歲時回到日本，在中國的生活的半生基本上還算一帆風順，在他看來，之所以能這樣，就是來源於「滿月宴」上長輩、親戚和周圍的人們嚴守了他們對他的養父母的莊重承諾，將他是孤兒的事瞞得滴水不露。

土佐範俊說：其實回到日本以後啊，我們最怕的就是過年。一到過年的時候，真難受。中國有句老話，「每逢佳節倍思親」，真是這樣。我們在這邊兒想着母親，母親在這邊兒難受。以前我們在一起過年的時候全家非常熱鬧，20多口子人都在一起過。哎呀，男女老少，非常熱鬧。大年三十，

我弟弟們呀，弟妹們呀，姪子姪女都來了。初一呢，他們走了，到初二的時候呢，我妹妹、妹夫他們來了，大家都陪母親一起過年。到初三、初四，我也給朋友和他們的父母親拜年，給領導、師傅、同事們拜年。到日本真的啥都沒有了，你一個人在家裏寂寞。開始時我媽家裏沒有電話，我們和經理住一個樓，他就讓我媽上他家去打電話。一打電話我還沒等接她就哭了。我說媽，你別哭了，大三十的，應該高興才是，大年下的，在人家哭，人家還怎麼過年呀？咱們娘倆接個電話還能說話了嗎？我和您兒媳婦、孫子在這兒給您拜個年，我們在這兒給你磕個頭，祝全家都好。每年都是這樣，其實我也泣不成聲。後來呢，我一個朋友給我媽安個電話，以後呢，我們通話就方便了，經常和我媽通了電話嘮嗑，我媽心情也好了。那以後我也經常回家看看，我媽來日本六次。我第一次回去的時候，我在牀上睡覺，我媽坐在我的旁邊兒看着我，一宿都沒睡，其實我也一宿沒睡。

2015 年春節，鈴木靜子（前排左二）參加戰爭孤兒組織的春節演出
（圖片與本節文章無關）

2015 年，孤兒們舉行迎春節新年會，右三為池田澄江
（圖片與本節文章無關）

土佐範俊現在已經 76 歲了，但是他依舊每天思念着他的中國父母，思念中國的兄弟姐妹、同事同學，思念曾是「煤都」的撫順，思念着養育過他的那片廣袤而充滿深情的黑土地。

養父母的故事：永遠傳下去

中國養父母對日本孤兒那超越國與仇的骨肉深情，永遠感動着孤兒們。在黑龍江方正縣和遼寧瀋陽，分別有日本歸國遺孤捐資建造的中國養父母公墓和「感謝中國養父母碑」。日本國內，許多遺孤則自發成立了諸如「扶桑

同心會」、「中國養父母謝恩之會」等民間團體，為感謝中國的養父母而展開活動。

從 1993 年起，一種叫作「感謝中國養父母慰問公演」的演出活動每年在東北三省輪流上演，當地所有能聯繫上的中國養父母都被邀請來觀看。這個活動的發起人是東京中國歌舞團團長劉錦程。劉錦程說，她的母親是日本人，13 歲時正值日本戰敗，是中國人收留了她，對待她像親生女兒一樣，把她撫養成人。1981 年，劉錦程一家從中國瀋陽市回到日本，後來她母親在日本逝世。母親的逝世，使她產生了報答辛勤養育日本戰爭孤兒的養父母的願望。

劉錦程原是瀋陽音樂學院的音樂家，主要從事民樂演奏，來日後組建了華人文藝團體東京中國歌舞團，在日每年演出百場以上。他們組團回國慰問養父母，主要是通過舉行音樂會招待養父母。從 1993 年開始，他們已在東三省的幾大城市舉行了多場音樂會，場場爆滿。

養父母在 1993 年的時候大約有 2500 人，但是隨着他們年齡越來越大，每年都有許多人故去，人數越來越少。1996 年以後，他們的慰問活動轉變了方式，採取家庭訪問和小型音樂會相結合的方式，有時到養父母的家中去慰問，送去錢款和輪椅等，有時舉行小型音樂會，就是把養父母接到附近的賓館，讓養父母一邊吃飯一邊觀看他們演出，他們希望有更多的人參加他們的活動。

有許多在日的戰爭孤兒也紛紛參加到他們的慰問團中，他們中有的人說：我們不是為了別的，只是想向養父母說聲「謝謝」。

這項活動一直持續到 2013 年，整整 20 年。而劉錦程說，他舉行這種活動的目的，就是要把養父母和殘留孤兒的故事流傳下去，直至永遠⋯⋯

我們上面所寫的，是這樣一個族群 ── 曾遭留在中國的日本戰爭孤

兒，日語叫「殘留孤兒」。他們在日本是一個特殊的群體，回國後沒有找到親人的都用自己起的日本名字。名字或來源於某個幫助過他們的日本人的名字，或對自己的中國名字進行日本式的改造，或者乾脆就自己為自己起一個新名字，少數找到親人的孤兒用自己原來的名字。

他們中年齡較大歸國的人大多說不太好日語，由於他們多來自中國東北，因此不改濃重的東北鄉音，生活習慣也多是中國式的，看中國電影電視，吃中國飯菜，喜歡唱中國老歌、中國京劇、中國二人轉。祖國日本，對他們來說有時顯得陌生。他們思念養育他們長大成人的中國的白山黑水、城鎮鄉村，更思念養育他們的中國養父母，在養父母在世時經常回國探望，有的還把中國養父母接到日本一起生活，直到養老送終。他們和自己的養父母的關係，不僅僅是中國人和日本孤兒的之間超越敵我，大愛無疆的感人的歷史和故事，也體現了一種中國優秀文化傳統精華的互文結構。

中日友好樓作為凝結着
中日兩國感天動地的中國養父母
與他們異國孩子的故事的一個象徵，
似乎完成了它的使命，
但是它作為一種包含着
可以永遠釋義下去的人性的文化符號，
卻將永遠留在歷史記憶的深處。

第十一章　中國人的善良感動了多少日本人？

為什麼遺華日本戰爭孤兒多淳樸善良？

遺華日本戰爭孤兒是我很喜歡的一個族群，我經常去他們的組織，參加他們的集會，吃着他們親手做成的香噴噴的東北水餃和東北料理，聽他們唱字正腔圓的京劇和東北「二人轉」，他們中竟然有的在中國時是專業的戲曲演員。

我是一個東北人，到了他們中間，有了一種「回家」的感覺，而且我特別喜歡他們的性格，大多非常善良、淳樸，具有中國東北人的豪爽和直率。他們對我像對待親人一樣，讓我這個流落天涯的人感到一種濃濃的鄉情。

每天早晨，我都會在微信中接到新的一天的祝福，這些祝福絕大多數來自日本戰爭孤兒和與此相關聯的人，他們祝福每位朋友，感謝每個和他們有交往的人們，「感謝」已成為他們生命中的主旋律，他們深深的善意和淳樸的微笑，似乎都來自這源源不斷的感謝之源。對於這個世界，他們似乎沒有任何怨恨，只有深深的感謝。

他們組織了各種自己的團體，如 NPO 法人「中國歸國者‧日中友好會」、「中國養父母謝恩之會」等，雖然他們在經濟上大都很拮据，但是無論中國方面還是日本方面遇到了自然災害等，他們都會踴躍捐款，盡其所能，全力支援。

正像我們上文也有所提及的那樣，2008 年 5 月，中國四川發生了大地震，他們為四川災區人民遭受巨大的損失感到深深悲痛，同時開展捐款義援活動。孤兒在平時生活都非常節儉，就是 100 多日元的車費有時也不捨得花，自己徒步走三四十分鐘，但是大家為中國災區捐款，都非常踴躍，都一萬一萬地往出捐，大家都對中國有非常深厚的感情。

NPO 法人「中國歸國者‧日中友好會」池田澄江當時說：「沒有中國人

就沒有我們孤兒，如果沒有中國養父母的養育，我們這些孤兒現在已經不存在了。中國人受災，就是我們的親人受災，我們盡自己所能進行支援是義不容辭的。」那次他們為四川災區捐款達 1700 多萬日元。

2011 年 3 月 11 日，日本發生東日本大地震，並引起了海嘯和核泄露，那有着美麗如畫的陸中海岸國立公園的東北，遭到毀滅性的打擊，美景變廢墟，生靈遭塗炭。

NPO 法人「中國歸國者‧日中友好會」的老人們感同身受，像自己遭受了災難一樣痛苦，這些心地善良的老人們，覺得僅僅捐款還不能表達他們的心意，最後他們通過努力到避難所為他們煮好水餃。當避難的人們吃着熱氣騰騰的水餃。看着這些克服千辛萬險，從幾百里以外給他們送來如此濃厚心意的老人們，深受感動。

我時常想：為什麼這些戰爭孤兒們如此善良、淳樸？他們的這種品質從哪裏來？最近我讀到一篇發表在 2012 年 9 月 5 日《北京週報》日文網絡版上，南京大學日語系專家齋藤文男所撰寫的題為《持續 20 年慰問日本殘留孤兒的中國養父母》，介紹的是東京歌舞團團長劉錦程率領的演出團訪問中國，舉行音樂會，慰問中國養父母的事情。據文中介紹：2000 年 7 月，齋藤文男也參加了第 8 次訪華團，訪問了黑龍江省哈爾濱市和方正縣。

他在文章中寫道：「那時的訪問給我留下特別深的印象是：養父母們無論是誰，表情都非常柔和，說起話來慢悠悠的，非常沉穩，非常和藹親切，語調中充滿了對對方慰勞的情誼。『正因為是這樣的人們，才能在正在進行戰爭的時代，收留和養育敵國的孩子吧。』我作為日本人，充滿了感激的心情。」

「很多養父母們說：『我們只做了理所當然的事情，我想在那樣的情況下，誰都會做和我們一樣的事情。』但是在近於貧窮極限的狀態下，在自己

的生活都難以維持的時候，去救助正在進行戰爭的敵國的孩子，如果沒有深深的人性之愛是無法做到的。」

我很少接觸到日本戰爭孤兒的中國養父母們，但是看到這段話，我似乎恍然大悟，日本戰爭孤兒大多善良、淳樸的品質，可能多來源於他們的中國養父母。

日本戰爭孤兒白山明德曾對筆者說：他還記得小時候得過一次肋膜炎，家裏的妹妹也得了肺炎。也許是因為那時沒有抗菌素，他和妹妹的病都很難治，但是養父母背着他到處求醫，竟然為了他忽略了給妹妹治病，最後他的病治好了，小妹妹卻過早離開了人間。

住在東京江戶川區的一位遺孤對筆者說：戰後，我被轉送了 3 戶人家，最後留在現在的養父母家，他們把我當親女兒，非常疼我。我小時候出去玩，有些孩子罵我小日本，還打我。養父為了保護我，不讓別人知道我的身世，辭去了城裏工作，到吉林蛟河縣新農鄉當農民，但是紙包不住火，後來我的身世還是讓人知道了，他們罵我、打我，養父為了保護我，到處去和人家打架，說我是他的親生女兒，不許別人欺負我。

「文化大革命」時，因為養父收養我，人們鬥他、打他，質問他為什麼收養日本人，為什麼和日本人在一起？他連捱鬥帶捱打就病倒了，不久就去世了。他是為我才死的呀！

孤兒菅原幸子在談到她的養母時說：她教育我寬厚待人，為人處世要善良，不計較，借東西低秤借高秤還，借平碗還尖碗等等，這些對我後來的人生都有很大的意義。

1945 年 8 月以後，在進入東北的蘇軍的猛烈攻擊下，日本關東軍潰不成軍，開拓民中的青壯年全部徵兵，只留下婦孺老幼，使他們從 1945 年 8 月 9 日開始，在飢寒交迫中生離死別。那些帶着乳幼兒和兒童的人們，為了

使這些孩子存活下去，唯一的辦法就是送給中國人養育。那些善良、淳樸的中國養父母們，以德報怨，大愛無疆，向那些生死無告的日本孤兒們伸出了溫暖的雙手，給他們一個溫馨的異國的家，以父親的慈愛，母親的溫柔把他們養大成人，而在中日建交以後，又忍着沒有血緣，卻深愛入骨的親人的生離之痛，一行辛酸淚，萬里送兒歸，把他們送回自己的祖國——日本。

中國的養父母們，雖然沒把自己的血脈傳給日本的孤兒，但是卻把他們厚德載物，仁慈善良，以德報怨，任勞任怨的品質傳給了這些他們深深愛着的日本孤兒，並使他們把這些中國文化中的人性精髓帶到了日本。

遺華日本戰爭孤兒，在日本不是一個引人注目的族群，他們默默地活在芸芸眾生之中，但是他們活出了自己的品格，自己的人性，他們之中，有他們與中國的養父母感天動地的故事，讓歷史潸然淚下。

在一個孤兒

生死無告的哭泣中

你們走來

一次深情的擁抱

永恆了生命

泯滅恩仇的紐帶

一曲思念的洞簫

淚濕雲外

讓你不忍遙望

太寬的大海（張石詩）

二戰後中國人對日本人有多寬容？

中國人不僅收養了幾千名侵略自己國家，屠殺自己的同胞的日本人孤兒，像對待自己的親生孩子一樣把他們養大成人，而且從總體上看，在戰後處理上對日本也是十分寬容的。

1945 年 8 月 15 日日本戰敗以後，當時中國的最高統帥蔣介石發表《抗戰勝利告全國軍民及世界人士書》，他在這篇由自己親自撰寫、宣播的講話中說：「我中國同胞們必知『不念舊惡』及『與人為善』為我民族傳統至高至貴的德性。我們一貫聲言，只認日本黷武的軍閥為敵，不以日本的人民為敵。今天敵軍已被我們盟邦打倒了，我們當然要嚴密責成他忠實執行所有的投降條款，但是我們並不要報復，更不可對敵國無辜人民加以污辱，我們只有對他們為他的納粹軍閥所愚弄所驅迫而表示憐憫，使他們能自撥於錯誤與罪惡。要知道如果以暴行答覆敵人從前的暴行，以奴辱來答覆他們從前錯誤的優越感，則冤冤相報，永無終止，決不是我們仁義之師的目的。」

這以後，中國動員了在日本的侵略中遭到嚴重破壞的全國約 2/3 的國力，送 200 多萬日本軍民平安返日，並提出阻止列強如瓜分德國一般瓜分日本、保留天皇制度、放棄戰爭賠償請求權等「以德報怨」的政策，對日本的戰後復興，有着巨大的實質性貢獻。

日本人對蔣介石「以德報怨」的政策非常感激，愛知縣幸田町的「中正神社」，供奉的祭神是蔣介石。那裏有一塊牌子《中正神社的由緒（來源）》，寫着這個神社的由來：「第二次世界大戰結束的當天，他宣告『以德報怨』是中華民族的傳統，『反對分割佔領日本，放棄賠款，維持天皇制，讓二百餘萬軍、官、民立即回國』，由此才有今日的日本。」

日本神奈川縣橫濱市的伊勢山，有一座享譽日本的伊勢山皇大神宮，建

於 1872 年（明治三年），以日本神道教的最高神天照大神為總祭神，是守護橫濱市的「橫濱總鎮守」，伊勢山皇大神宮內中有一座紀念碑——「蔣公頌德碑」，該碑用黑禦影石製作，磨成鏡面，碑的上面刻這四個橫寫的小字「以德報怨」，下面豎寫「蔣公頌德碑」，旁邊還有鑲嵌著蔣介石金色頭像的黑禦影的「來源碑」，上面刻有紀念蔣介石的碑文：

> 蔣介石先生於明治 20 年生於中國浙江省，曾就讀於日本的陸軍振武學校；在高田連隊服役期間，因孫文先生掀起辛亥革命，因此急忙回國參與籌劃，為建立、穩定中華民國而努力，後來成為中國元首。
>
> 昭和 6 年（1931 年）以來，與日本動以干戈並非先生的心願，在昭和 20 年終戰，立即宣佈『以德報怨』，並身體力行加以實行，為我國得以保存天皇制，維持國體不變做出了努力。他反對對我國的分割佔領，防止了我國變成分裂國家，並且免除我國巨額戰爭賠償。為留在中國的我軍將士以及同胞安全並迅速地遣返日本而盡力，由此今天的日本才能夠存在、發展，如此的恩情我們日本國民應終生且永遠不忘。特別是蔣先生提出的『以德報怨』，乃是基於中國儒家思想，並成為東洋道德的核心，實踐『以德報怨』的蔣先生的遺德，是值得我們日本人歌頌的道德之鑒，此遺訓應傳給子孫萬代。
>
> 值此蔣公生誕百年之際，得以縣民有志之士的合作，在蔣公守護的供奉天皇先祖的伊勢山地，得第五代宮司龍山庸道先生的尊意，建立頌德碑，以顯頌蔣公之遺德，且將報恩之志永傳後世。
>
> 神奈川縣日華親善協會理事長　聖心女子大學名譽教授　助野健太郎　撰

中正神社
唐勝春攝影

我曾讀一些當年在中國打過仗的原日本兵們所寫的戰爭回憶錄，這些回憶錄中的許多文章都生動地記敍了戰爭結束後中國人對他們的寬容，這使他們終身不忘。

　　岡野篤夫在《大陸戰塵錄》中以「中國人的寬容」為一節，記錄了他們部隊戰敗後在常州的經歷。他寫道：

　　　　一般的中國人對我們的態度，寬容得令人不可思議。在美軍駐紮的上海和南京日軍的處境好像很悲慘，但是這個城市裏的人們，好像並不把我們和中國軍隊加以區別。我們帶着軍刀和手槍喝得酩酊大醉在街上閒逛，沒有一個人來責備我們。

　　　　……

中正神社説明
唐勝春攝影

中正神社由緒

当社は中華民国先総統蒋介石（中正）公を祀る神社てある。

蒋公は第二次大戦終了の当日、「怨に報いるに徳を以てせよ」と告示され「日本分割占領の反対、賠償金要求の放棄、天皇制維持、軍官民二百余万人を即刻帰国せしめるの処置」をとられた。その結果、今日の日本がある。思えば敗戦国に対し、これほど寛大な処置をとった国主はなく「大恩に報いるに礼を以てするべき」と、ここに一社を建立し、永代に感謝の誠を献ずるものであり、「怨に報いるに徳を以てする」は、世界平和の原理として、限りなく蒋公の徳を讚えて、その威徳を崇めるものである。

街上有電影院，我們感到好像有十年沒看電影了。我們問電影院的人，我們可不可以進去看，回答是「當然可以」。電影院的票價寫着是普通人 120 元，學生 60 元，軍人 30 元（中華民國發行的國幣），電影院的人說我們可按軍人價格買票。

我們是軍人不假，但是是敵國的軍人，又是戰敗的敵國的軍人，他們還是按照軍人優待我們，令我們誠惶誠恐。

蔣介石在戰爭結束時，在如何處理日軍的問題上，有「以德報怨」的訓令，這個訓令似乎被貫徹得特別徹底。使我們吃驚的是，中國兵看到我們都是先敬禮。對方的哨兵白天也並非立槍站崗，而是扛槍站崗。他們就這樣扛着槍把右手移到肩旁向我們敬禮。對於中國軍隊的軍官，我們雖是先敬禮，但有位對方的少尉，還禮時用的是鄭重的對長官式的軍禮，真令我們誠惶誠恐。（見岡野篤夫《大陸戰塵錄》，旺史社，1985，331-332 頁）

二戰以後，曾有 982 名日本侵華戰犯，在撫順戰犯管理所被收容。在撫順戰犯管理所關押的日本戰犯，絕大多數是被蘇軍帶到西伯利亞後，數年後引渡到中國的。1956 年 6 月至 1964 年 3 月間，在撫順戰犯管理所關押的日本戰犯被分期分批全部釋放回國。

我曾經采訪日本的一個民間組織，叫作「中國歸還者聯絡會」，他們都是從撫順戰犯管理所回到日本的老人，按普通人理解，這些人聚集在一起，理應是發洩積怨，傾訴苦難，因為戰犯管理所是監獄，而他們是犯人。然而恰恰相反，他們之所以成立「中國歸還者聯絡會」，是為了緬懷他們在中國的生活，傾訴他們在撫順的感動，他們會向着大海，用他們在撫順戰犯管理所用過的洞簫，吹一首深情的曲子，傾訴他們綿綿的思念；他們把逝世的原

看守的遺影，放在家裏，事務所裏，以示永遠的思念；他們把原看守們請到日本，傾訴惜別的深情；他們還曾不遠萬里，親赴撫順，去紀念撫順戰犯管理所成立五十周年……

他們之所以有這種奇特的感受，原因其實很簡單，那就是，他們雖然是戰犯，但是當時的撫順戰犯管理所貫徹周恩來總理的指示，把他們當人看，既尊重他們的人格，也尊重他們的民族習慣。看守們吃的是粗糧，他們吃的是白米；管理所還從全國各地請來會做日本料理的廚師，給他們做天婦羅、壽司、醬湯……沒有任何辱罵體罰，沒有強迫勞動，有充分的娛樂，有完備的醫療……五十年後，他們來到了原管理所所長的家裏，面對老所長的遺影，依舊是老淚縱橫……

中國人對日本人的寬容，感動了無數日本人，他們大多成了中日友好的使者。侵略戰爭是一個國家的國策錯誤，它扭曲人性，帶來罪惡，而我們淳樸、善良的先輩，以博大的胸襟，「恨罪不恨人」，以人道的陽光融化人性的冰雪，以悠遠的寬容開啟良知，讓當時的侵華日軍及其接受改造的戰犯等為「以德報怨」的「孔孟之邦」而感動、感激、淚泗橫流。

中日友好樓

坐落在長春市南關區平陽街有一座三層的紅磚樓房，叫「中日友好樓」。這是一座很普通的樓房，但是卻有一段不尋常的來歷。

由於中國養父的故事在日本廣泛流傳，深深地感動着日本人，一位名叫笠貫尚章的日本老人得知了中國養父母的故事，被他們的情懷深深感動。

笠貫尚章從 1938 年開始在長春工作，1946 年回到日本。在聽說中國的善良的民眾，在戰後飢寒交迫，自己都難以生存的情況下，養育了幾千名生

死無告的日本戰爭孤兒，十分感動。他了解到一些日本孤兒的中國養父母在住房上有困難，出於一個日本人對中國養父母的感激之情，他投入自己的財產 8000 萬日元，在長春投資為中國養父母建造住宅。

對於他的義舉，長春市政府給予了積極的配合，負責土地、拆遷、煤氣等配套工作。1990 年 9 月，落成後的三層小樓，共有兩居室的單元房 36 套，每單元建築面積 69 平方米。此樓被命名為「中日友好樓」，當時 29 戶住房困難的中國養父母，帶着他們的家屬搬了進來，最多的時候有 32 戶人家在這裏居住。

1992 年 8 月，笠貫尚章被授予「長春市榮譽市民」。1998 年，笠貫尚章老人去世，其夫人笠貫靜江 2007 年出版了一本名為《留下小小的燈火——不忘中日友好樓》的著作。（現代企劃，2007 年 10 月出版）

當時中國養父母經常一起坐在樓下談天，談他們住在遙遠的異國，比親生孩子更親的日本養子、養女們，訴說他們與自己的孩子們離別的痛苦，並遙祝他們幸福、平安。夕陽嫣紅，倦鳥歸巢，桑榆晚景，殘夢遠行……

這些中國養父母們，每個人都有一段超越恩仇，大愛無疆的感人故事。這裏曾住着一位叫李淑賢的老人，在 1943 年，遭到日本警察的毆打，狠踢她的腹部，使其流產，使她永遠失去了生育能力。

1945 年 8 月，日本戰敗，長春各處留下許多日本孤兒。尤其是長春車站，日本難民更是成群結隊。

1945 年 8 月的一天，她和丈夫徐鳳山的好友，把一個被扔在長春火車站的日本小女孩帶到了她的家裏，那孩子約有 3 歲左右，全身發黑，穿一身紫色日本小和服，餓得連哭的力氣都沒有了，更不會走路。看到這個孩子，李淑賢十分心痛，雖然她在日本警察的暴行中永遠失去了生育的能力，但是她去傾注全部的感情，把一個敵國的日本孤兒緊緊地擁抱在懷中。

中日友好樓
石金楷攝影

從此，一個中國母親的溫暖和慈愛，深情地流進了這個異國的孤兒的身心，並伴隨着她幸福地成長。

李淑賢無比疼愛這個日本小姑娘，供她一直讀完了高中，還為她在工廠找了工作，操辦了婚事。女兒生了兩個孩子後，李淑賢又一手將外孫女帶大。

1972 年中日邦交正常化後，女兒確認了自己的身世，於 1990 年和丈夫、孩子，全家一起返回了日本。女兒走後幾年，李淑賢的丈夫徐鳳山念叨着女兒的名字離開了人世。

隨着時間的流流逝，這裏居住的中國養父母們漸漸離開人世，人家也越來越少。據石金楷《長春中日友好樓 凝結的歷史記憶》一文介紹：2020 年 10 月 30 日，中日友好樓中的最後一位養母崔志榮老人逝世。

他第一次走進中日友好樓是在 2006 年 8 月 5 日，當時樓中還有五戶養父母健在。他也探望了崔志榮老人。他在文章中寫道：

> 當年崔志榮的老伴秦家國是一個鞋匠，做好的鞋要拿到市場去賣。一天中午在賣完鞋往家中走的路上，秦家國看到一個一歲多的女孩站在拉圾堆前啼哭，從着裝一看就知道那是一個日本孩子。
>
> 那小孩用可憐無助的目光看着他，一邊哭一邊用髒兮兮的小手摳嘴。秦家國一看小孩太可憐，就將剛剛買到的玉米麵餅子給了這小孩一塊。小孩一看有人給她吃的，就緊緊的拉住秦家國的衣角，眼淚汪汪的看着他。秦家國二話沒說，抱起孩子就回到了家中。
>
> 在秦家，這個日本女孩得到了無微不至的關愛，也有了一個中國名字。
>
> 1960 年秦家國體弱多病的妻子病故了，兩年後崔志榮走進了

這個家庭。當她得知了女兒的身世後，對這個日本女兒傾注了全部的母愛，而女兒也感受到了溫暖的濃濃親情，她們建立了不是親人卻勝似親人的骨肉之情。

1983 年，在養父母的支持下，女兒找到了在日本的生身父母，也知道了自己的日本名字。1984 年夏天，女兒攜家人回到了她生身父母的身邊，離別近 40 年的一家人終於團聚了……

女兒走了，帶走了養父母的一顆心，從此留下了長長的思念……（見 2021 年 1 月 1 日 1317 期《中文導報》）

中日友好樓作為凝結着中日兩國感天動地的中國養父母與他們異國孩子的故事的一個象徵，似乎完成了它的使命，但是它作為一種包含着可以永遠釋義下去的人性的文化符號，卻將永遠留在歷史記憶的深處。

中國養父母對自己所撫養的
日本戰爭孤兒無比慈愛，
被養育的日本孤兒也從中國養父母那裏
接受了慈愛、善良的品質。

第十二章
養父母與孤兒：
中國優秀文化傳統的互文結構

善良的中國養父母和他們所培養出的善良的日本戰爭孤兒，實質上是以一種「互文結構」，體現了中華民族傳統美德的精髓，中國養父母的善良、真摯，與戰爭孤兒們的淳樸、寬容等品質，「參互成文，合而見義。」互映互補，詮釋了中國文化博大精深的精神內涵。

　　《老子‧第七十九章》云：「和大怨，必有餘怨；報怨以德，安可以為善？是以聖人執左契，而不責於人。有德司契，無德司徹。天道無親，常與善人。」

　　意思是說：和解深重的大怨，必然還會留下餘怨；以德來回報怨恨，怎樣才能為善呢？所以有道的聖人持有借據但並不以此強迫別人還債；有「德」之人就像持有借據的聖人那樣寬容，無德之人就像掌管稅收的人那樣苛刻催租。自然規律對任何人都沒有偏愛、親疏，總是幫助有德的善人。

　　《論語‧憲問》：「或曰：『以德報怨，何如？』子曰：『何以報德？以直報怨，以德報德。』」

　　意思就是：有人說：「用善行回報怨恨，如何？」孔子說：「那用什麼回報善行？用公正無私回報怨恨，用善行回報善行。」

　　「以德報怨」，是中華文化中的精髓，應該主要來源於道家經典，也就是來源於《老子》，但是在《史記》、《舊唐書》中均有「以德報怨」的說法，《史記‧卷一百二十四　遊俠列傳第六十四》中講西漢時期遊俠郭解，說其：「及解年長，更折節為儉，以德報怨，厚施而薄望。」《舊唐書‧卷一七四‧李德裕傳‧史臣曰》云：「所可議者，不能釋憾解仇，以德報怨，泯是非於度外，齊彼我於環中。」

　　佛教中歷來有「怨親平等」的思想。佛教主張「萬物與我同根」，懷着一顆超越敵我、恩仇、種族和國家的慈悲之心對待萬事萬物，慈悲心所及不僅僅是所有的人，而且包括所有的生靈草木。一切怨恨冤仇皆會在大慈大悲

中消泯,「鬱鬱黃花,無非般若;青青翠竹,皆是法身」,萬物相依,生命一如。怨親平等,大愛無疆。

這是一條試圖克服物我對立而達到「變山河大地為真我,變真我為山河大地」的澄明境地,是突破僵硬的自我限界,變對他人與世界萬物的疏離和對峙為充滿愛心的回應的無限寬廣的包容世界。

中國的《莊子》的思想中,也有「生命高於主義」的思想。《莊子‧讓王》中指出:「夫天下至重也,而不以害其生,又況他物乎!」意思就是說:統治天下是最重要的了,卻不能因此而妨害生命,更何況是其他的一般事物呢?「故天下大器也,而不以易生。」意思就是說:天下是最為貴重的了,但是卻不能用它來替換生命。

中國儒教經典中則有「忠恕」和「仁者愛人」的倫理範疇,忠者,心無二心也,意無二意之謂,意為盡力為人謀;恕者,愛人如己。

「仁者愛人」是儒家的具有代表性的倫理範疇,《孟子‧梁惠王上》一文中還說:「老吾老,以及人之老;幼吾幼,以及人之幼。」指的是在贍養孝敬自己的長輩時不應忘記其他的老人,不管與自己有沒有親緣關係;在撫養和愛護自己的小孩時也不應忘記其他人的孩子,不管與自己有沒有血緣關係。

同時,中國孝道文化傳統源遠流長的。「孝」是中華民族傳統美德的基本元素之一,儒家倫理道德體系中,家庭倫理上就將「孝」放在首位。

中國的「孝」的思想在後來得到發揚與光大,民間流傳的《二十四孝》的故事家喻戶曉,而許多美麗的詩詞歌頌孝的美德:

> 慈母手中線,遊子身上衣。
> 臨行密密縫,意恐遲遲歸。

誰言寸草心，報得三春暉。

（《遊子吟》唐·孟郊）

濟濟斑衣子，怡怡白髮親。

紫萱偏得地，玉樹解留春。

（《題楊解元壽萱堂其二》宋·王炎）

　　這些中國文化思想的精華，潛移默化地滲透到中國的養父母和他們所撫養的日本孤兒的文化意識之中，形成一種中華優秀文化的雙向流動的互文結構。一方面，中國養父母大愛無疆，以大海一樣超越敵我、民族、親仇的襟懷，收養了日本孤兒們，給他們以溫暖的家庭和父母的慈愛。而另一方面，孤兒們大多形成善良、淳樸的性格，竭盡全力回報養父母的養育深恩。他們有的在意識中把養父母認同為親生父母，不允許人們用「養父母」這一稱呼淡化他們對中國養父母不可替代的深厚情感，有的則認為，正是因為中國的養父母們收養了他們這些沒有血緣、沒有撫養義務，而且是侵略自己祖國的敵人的孩子，其養育之恩比親生父母更加深厚，更應該湧泉相報。

　　正像我們前面所提及的齋藤文男所撰寫的題為《持續 20 年 慰問日本殘留孤兒的中國養父母》的文章中所介紹的那樣，「很多養父母們說：『我們只做了理所當然的事情，我想在那樣的情況下，誰都會做和我們一樣的事情。』但是在近於貧窮極限的狀態下，在自己的生活都難以維持的時候，去救助正在進行戰爭的敵國的孩子，如果沒有深深的人性之愛是無法做到的。」

　　而筆者曾經採訪過一位把養父母帶回日本撫養的戰爭孤兒，她竟然說出了與養父母們的話極具「互文結構」的話：贍養父母，這是理所當然的事情。

日本對於留在中國等地的戰爭孤兒、戰爭婦人（多為戰後與當地人等結婚的日本人）等和他們的配偶及其子女永住歸國，有許多支持措施，比如支付來日本的全部旅費、提供日語和職業培訓、滿額支付老年年金等，但是對於要來日本定居的戰爭孤兒的中國養父母們，並沒有這個待遇，所需費用基本都要孤兒們自己負擔。

　　但是有一些日本孤兒，衝破重重阻力，不顧自己回到日本後生活的困苦和窘迫，把年邁的養父母帶到日本和自己的家庭一起生活。我們在上文中提到的白山明德先生就是其中的一個例子，他把養母帶回日本一起生活，養老送終，還有許多戰爭孤兒也是這樣做的。

　　正像我們上文所提到的白山明德先生所做的那樣，他們不僅在日本把養父母養老送終，而且還滿足養父母「落葉歸根」的願望，將他們的遺骨送回養父母的故鄉中國，為他們修墳立碑，並按時到中國掃墓祭奠。

　　黑龍江省社會科學院杜穎曾在 2011 年借助在日本進行客座研究的機會，對定居日本的 5 位中國養父母進行了調查。在其論文《中國養父母：「象徵」背後的生活世界》中寫道：

　　　　迄今為止，定居日本的 5 位養父母中只有 2 人回過中國。所以他們因思念家鄉，大多有「落葉歸根」的想法。5 位養父母中，有 4 位健在時表達過去世後將骨灰送回中國的願望。因此，3 位養父母過世後如願回到中國。如從山東隨養女定居日本的許大娘去世後 3 天，被養女和外孫子將骨灰運回中國，按照當地的習俗舉辦了葬禮後埋在山東老家。如此，活着時百般不願與養女分離的許大娘，最終還是與養女隔海相望了。王大爺去世以後，養子遵照他生前的願望也將他送回中國。魏大娘的養女不但在養母百年後將其送

回中國，還為養母買了有名的丁昆園墓地。但同時有 2 位養父母因為在國內沒有其他親戚、遺孤又不能經常回中國掃墓，去世後葬在日本。他們是張大爺、孫大爺。」（《21 世紀東亞社會學第 7 號》電子版201 頁。日中社會學官網 http://www.japan-china-sociology.org/?p=737）

為了感謝養父母，回國的孤兒們在方正縣建立中國養父母公墓，集資在瀋陽的「九一八歷史博物館」建立感謝中國養父母紀念碑。在日本國內，2013 年，在歸國孤兒的倡導下和鹿兒島縣的日中友好協會等的合作下，建立了「中國人養父母感謝之碑」。

由日本神戶大學發達科學系教授淺野慎一和其夫人、日本龍谷大學等的非常勤講師佟岩所著《異國的父母——養育中國殘留孤兒的養父母群像》一書，根據他們的採訪，介紹了 14 名日本戰爭孤兒的養父母。從他們與自己所養育的日本戰爭孤兒的關係來看，可以說充分體現了中國文化傳統的互文結構。

如書中採訪一名稱作「馬文玉」（養父母的名字均為假名）的中國人養母，他們夫婦收養了一名 5 歲的日本女孤兒。她說：

> 我完全不在意女兒是日本人的孩子，也沒有考慮過敵人的孩子什麼的，總之就是一個小孩子，和敵人什麼的沒有關係。只是擔心以後會不會被帶回去。但是聽人說這孩子無依無靠，這樣的話就沒有任何問題。無論是哪國的孩子，我接手養大，就是我的親骨肉。
>
> **女兒的重病和借債**
> 養育這個女兒，真是非常辛苦。

女兒得了重病，好幾天都掙扎在生死線上，我們按照當時的習慣，花大錢做了 5 次「驅鬼除厄」的儀式，使我們家變得一貧如洗，借了好多的錢。（淺野慎一、佟岩《異國的父母──養育中國殘留孤兒的養父母的群像》，岩波書店，2010 年版，23-24 頁）。

在遼寧省瀋陽市接受採訪的日本孤兒的養母「楊淑珍」，1945 年 19 歲時收養了一名 9 個月的日本嬰兒。她說：

當然，在日本的侵略的時代，有過許多非常兇惡的事情。沒有大米也沒有肉，中國人都是忍飢捱餓，我到通河縣的農村去買糧食，但是遭到嚴格的限制。在日本人統治下的生活是極其不便的。我們是回民，本來是養牛養羊的，但是在當時是「違法」的。我丈夫的三弟在修建瀋陽站的時候被徵用為勞工，26 歲時在一次事故中死去。說起日本所幹過的壞事真是數也數不清啊！

但是，無論怎樣恨侵略過中國的日本，這與收養孤兒是兩回事。總之是個嬰兒，極其自然地就覺得他很可憐。必須得救他。

兒子長得非常像我，性格也像

後來我自己沒有生孩子，因此覺得幸虧收養了這個孩子，竭盡全力撫養了他，公婆和丈夫都非常喜歡這個孩子。照了許多照片，拿給你們看吧。

這個孩子來到我家時，做粥拌上肉泥給他吃。因為那時沒有糧食的時代，真的是很困難呀。有牛奶的時候就給他喝牛奶。

他在小學的時候，說想要手風琴，雖然我家裏根本沒有錢，但是還是給他買了手風琴，這是給他買手風琴時的紀念照片，看他

中日友好園林
石金楷攝影

有多高興。

他爺爺也在孫子中最喜歡我兒子。有了好東西和好吃的，其他的孫子們先放到一邊，首先給我兒子。就是兒子參加工作以後，爺爺每天都在街口等他回來。

經常有人說兒子長得非常像我，性格也像，他非常孝順。

家裏生活困難的時候，兒子雖然當時是個中學生。但是瞞着我去工廠應招，他在招工考試中合格了，但是由於年齡不夠，沒有採用。回到家裏，他非常傷心，哭起來不停。我問他怎麼了？誰欺負你了嗎？但是他什麼都沒說。後來我知道了事情的真相，心痛得哭了好幾天。（同上，《異國的父母——養育中國殘留孤兒的養父母群像》，80-82 頁）

中國養父母對自己所撫養的日本戰爭孤兒無比慈愛，被養育的日本孤兒也從中國養父母那裏接受了慈愛、善良的品質。

接受採訪的被稱為「段亞蓮」的中國養母，住在遼寧省丹東市，27 歲時，她和作為內科醫生的丈夫曾開過診所，1946 年春天，一位背着女嬰的日本女人來這裏看病，把嬰兒放在這裏說是回去取醫藥費但是一去不返，他們只好收養了這名女嬰。書中寫到：

在歷史的偶然中生活在一起的兄弟姐妹

收養了女兒之後，我們先後生了 6 個孩子。女兒很善良，經常照顧弟弟、妹妹，也經常幫我幹收拾屋子等家務活。

有一天，姐姐和妹妹一起去鴨綠江邊玩，妹妹掉到河裏去了。女兒自己雖然還很小，但是拚命去救妹妹，如果沒有女兒，妹

妹恐怕活不到今天。

而在抗美援朝戰爭期間（1950－1953），美軍經常來空襲。女兒把弟弟、妹妹藏在火炕的下面，並趴在他們的身上用自己的身體保護他們。我買東西回來急忙回來，看到這樣的情景，非常感動。

我的孩子們由於歷史的偶然成為兄弟姐妹，但是他們相親相愛，感情很深。從小的時候，在姐姐（殘留孤兒）的照顧下一起長大，我的那些親生孩子們，就是不聽我的話，也都聽姐姐的話。

（同上，《異國的父母——養育中國殘留孤兒的養父母的群像》，117-178頁）

我本人很少接觸到日本戰爭孤兒的中國養父母，但是大約在上個世紀70年代末期，我父親在東北的一座城市裏的一家醫院裏擔任科主任，當時我家裏的房子比較多，父親科裏的一名年輕的醫生要結婚，苦於沒有房子，我父親就騰出了家裏的一間房子借給這對年輕的夫婦。當時這位年輕的醫生的父親來到我們家裏，對我父親充滿了感激之情，說父親對他這個獨生子和他們全家恩重如山。

這個年輕的醫生身下有6個妹妹，但是父母最疼愛他們的哥哥——他們的「獨生子」，吃的穿的都是哥哥優先，哥哥對妹妹們也非常好，參加工作後對她們都照顧有佳。

後來我才知道，這位年輕的醫生是日本戰爭孤兒。

《異國的父母——養育中國殘留孤兒的養父母的群像》一書中指出：

首先，養父母收養和養育孤兒的時期，中國經歷了內戰（1945—1949）和經濟危機（60年代初期），而養父母們又相繼生出了自己的孩子，一家人處於「吃飯困難」的狀態，在14名養父母中，

生了自己親生孩子的有 11 名，親生孩子的人數為 1—7 名，平均 2.9 名。

然而，在這樣的情況下，養父母對養子和親生子女沒有差別地傾注了他們的深情把他們養大成人。有的因為養子比較衰弱，得到比親生孩子更多的照顧。在內戰時，一名養父由於糧食不足，陷入瀕於餓死的狀況，他帶着養子拚着性命突破「卡子」，到有糧食的農村去。也有的養父母為了給養子治病，付出昂貴的費用，借了很多錢。在飲食上，有不少養父母讓身體比較弱的養子優先，比較健康的親生孩子次之。也有無數的養父母，為了使喜歡學習的養子上大學，從事艱苦的勞動，甚至損傷了身體去為養子掙學費。

這樣，殘留孤兒和養父母，及養父母的親生孩子（殘留孤兒的弟弟、妹妹），總的來說，建立了良好的家庭關係。殘留孤兒作為家中的長子，幫助養父母做家務，照顧弟妹。在內戰時的糧食困難時期，有的孤兒自己吃豆渣，忍飢捱餓，把糧食讓給祖母（養父的母親）。有的孤兒考慮到家庭的經濟狀況，自己要放棄升學，瞞着養父母參加參加就業考試。有一個殘留孤兒救助掉到江中的妹妹（養父母的親生孩子），在抗美援朝戰爭中空襲之際，挺身保護弟妹。養父母們為這樣的殘留孤兒們一個一個的行動所感動，直到如今回憶起來，還說殘留孤兒「是一個非常好的孩子」，「是一個孝順的孩子」。（《異國的父母——養育中國殘留孤兒的養父母的群像》147-148 頁）

該書中也說，在他們所採訪的中國養父母之外，也有虐待日本戰爭孤兒的例子，筆者在採訪中也遇到過這樣的例子，但是絕大多數中國養父母都是以極大的愛心，注入全部心血和精力，收養和培育日本戰爭孤兒的。

就是這樣，中國的養父母們源於一種比主義、國籍、恩仇、愛憎更遠久的生命內在的聯繫，接通了來源心靈最深處的愛的源泉，體驗到了一種萬物同根，人類同根的崇高的感覺，以潛移默化地滲透到他們意識和潛意識中的「以德報怨」、「怨親平等」、「夫天下至重也，而不以害其生」的中國文化傳統，對待他們收養的日本孤兒，傾全部慈愛和心血去撫養他們，教育他們，這樣也培養出來了很多和他們一樣的善良、淳樸的孩子，他們在精神世界的互攝互補，相映成輝，形成了一種對生命深層意識及中國傳統文化精髓的「互文式歷史結構」，和「互文式歷史傾訴」，令人撫今憶昔，長歌當哭，深深回味，永志不忘。

　　　　當戰火的硝煙
　　　　還在空中繚繞

　　　　你卻聽到了
　　　　那悠遠的古謠
　　　　夫天下至重也
　　　　而不以此害生

　　　　用最深沉的慈悲
　　　　暖睡敵人的棄兒

　　　　天地無聲
　　　　聆聽這生命最初的靜好

　　　　太陽流下淚水

殷紅着風的抽泣

月亮不肯離去
皎潔着萋萋荒草

一縷淡藍色的炊煙
溫暖着回家的安堵

一聲母親的呼喚
讓心靈如此富饒

當離別再次到來
執手語凝噎

一句一路平安
打濕萬里征程

一聲媽媽再見
嗚咽千古波濤（張石 詩）

後記

在此書完成之際，我要感謝眾多的日本戰爭孤兒，接受我的採訪，並給予我極大的幫助和鼓勵，感謝 NPO 法人中國歸國者・日中友好之會的池田澄江理事長、日本戰爭孤兒白山明德先生、木村成彥先生、山村秀子女士、鈴木靜子女士、吉長桂子女士、已故安達大成先生及其夫人和子女、常松勝先生、菅原幸子女士、佐野英子女士、山田拓先生、土佐範俊先生及戰爭孤兒二代劉錦程先生，也感謝其他的日本戰爭孤兒宇都宮孝良、宮崎慶文先生等為作者提供的大量幫助。

感謝石金楷先生、歸國者佳西先生等（詳見書中與書後列表）為筆者提供有關照片，感謝中文產業株式會社、中文導報社等對本書出版的大力支持，也感謝香港中華書局總編輯侯明女士、開明書店出版經理王春永先生及此書的編輯蕭健先生、香港作家木子小姐。沒有上面諸位的鼎力支持和幫助，這本小書是難以完成的。

本書中幾次出現「支那」等詞，因屬引用較早期的文獻資料，予以保留，不另作說明。

現在日本的戰爭孤兒們都已經進入高齡，他們在中國和日本，也許都有過幸福的時光，但是也都經歷過難言的艱辛，我熱愛這個族群，而他們與他們中國養父母的故事，更令我感動終生，也祝願他們晚年幸福。

張石

2021 年 2 月 3 日

封面、封底、前言與各章首頁照片等素材提供者：

封面：大久保真紀、黃傳斌、石金楷、鈴木靜子等

封底：常松勝、白山明德等

前言：池田澄江、黃傳斌、菅原幸子、池田英子、鈴木靜子、張石、木村成彥、石金楷、大久保真紀、常松勝

第一章：黃傳斌、白山明德、張石

第二章：池田澄江、張石。另，歌詞引用自李春利作詞、谷建芬作曲《燭光裏的媽媽》

第三章：大久保真紀、木村成彥、張石

第四章：張石等

第五章：石金楷、鈴木靜子、張石等

第六章：張石等

第七章：張石等

第八章：常松勝等

第九章：歸國者佳西、池田英子、石金楷、菅原幸子

第十章：張石、大久保真紀、木村成彥、池田澄江、菅原幸子、黃傳斌、石金楷、白山明德、歸國者佳西

第十一章：石金楷等

第十二章：木村成彥、歸國者佳西、池田英子、黃傳斌、張石、大久保真紀、菅原幸子、白山明德、石金楷、池田澄江

後記：同前言

中國將軍的日本兒子

張石　著

責任編輯　蕭　健
裝幀設計　譚一清
排　　版　譚一清
印　　務　林佳年

出版　　開明書店
　　　　香港北角英皇道 499 號北角工業大廈一樓 B
　　　　電話：（852）2137 2338　傳真：（852）2713 8202
　　　　電子郵件：info@chunghwabook.com.hk
　　　　網址：http://www.chunghwabook.com.hk

發行　　香港聯合書刊物流有限公司
　　　　香港新界荃灣德士古道 220-248 號
　　　　荃灣工業中心 16 樓
　　　　電話：（852）2150 2100　傳真：（852）2407 3062
　　　　電子郵件：info@suplogistics.com.hk

版次　　2022 年 1 月初版
　　　　© 2022 開明書店

規格　　特 16 開（150mm×210mm）

ISBN　　978-962-459-233-7